조선 최초의 여성 여행가
김금원

역사의 책갈피에 숨어 있는 옛 여성들의 이야기,
여성 인물 도서관에서 꺼내 읽어 보세요.

● 일러두기
- 김금원은 금원이라는 호 외에는 알려진 이름이 없어서 어린이들이 이해하기 쉽게 김금원으로 등장합니다.

조선 최초의 여성 여행가

김금원

강민경 글 | 파이 그림

인물 소개	6
인물 관계도와 연표	8

바늘 대신 책을 들고　　　　　　10

남장을 하고 나를 찾아　　　　　　20

신선의 호수에서　　　　　　30

순채를 먹으며　　　　　　40

신선의 바둑판에서　　　　　　49

금강산을 발아래 두고 58

떠나고 싶은 아이 72

왕족도 궁궐도 모두 사라지고 83

감로수를 마시며 94

차 끓이는 아이 105

집으로 가는 길 116

삼호정 친구들 127

그때 그 시절 #신분_제도 #서얼_제도 136
인물 키워드 #여행가 #유람 138
인물 그리고 현재 #호동서락기 외 142

인물 소개

김금원(1817~1853 이후)

여자는 아무리 글을 잘 읽고 총명해도 바느질 한 땀 잘하는 것보다 쓸모없다고 생각하던 조선 시대. 몸이 약해 바느질이나 부엌일도 하기 힘들었던 금원은 열다섯 살이 가까워지자 자신의 미래를 고민하는데…….

'다른 사람들은 뭘 하며 살아갈까? 넓은 세상을 보고 싶어.'

하고 싶은 것, 잘하는 것을 찾기 위해 여행을 떠난 열네 살 소녀. 호서, 관동, 관서, 한양을 여행한 씩씩한 여인.

남장을 한 채 홀로 금강산으로 떠난 조선 최초의 여성 여행가, 김금원의 삶을 들여다보자.

인물 관계도와 연표

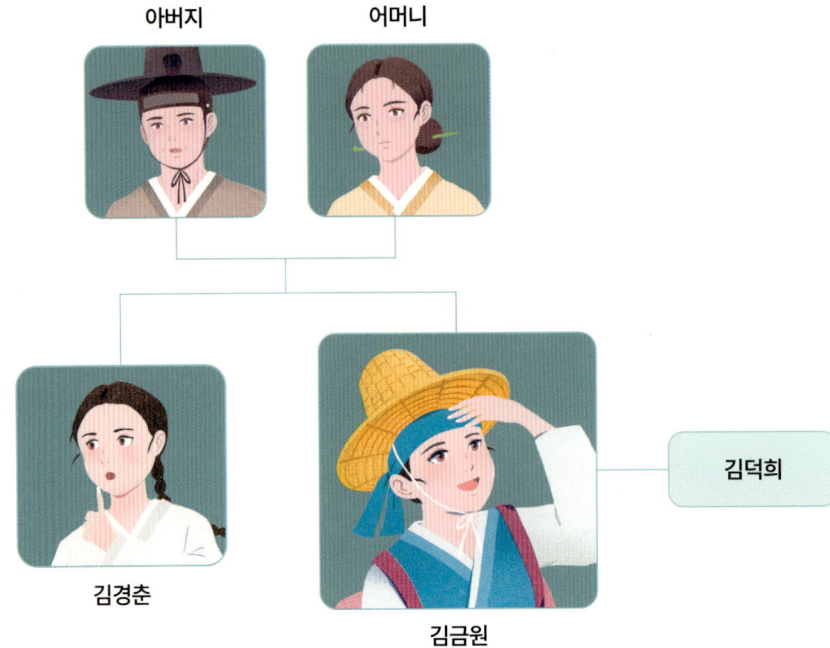

1817년	강원도 원주에서 태어남.
1830년	열네 살에 남장을 하고 홀로 호서•, 관동•, 한양을 여행함.
1845년	남편 김덕희의 부임지인 의주로 가는 길에 관서•를 여행함.
1847년	운초, 경산, 죽서, 경춘과 삼호정 시사•를 만들어 시 모임 활동을 함.
1851년	《호동서락기》를 펴냄. 《죽서시집》 발문•을 씀.
1853년	김덕희가 세상을 떠남.
	세상을 떠난 기록은 남아 있지 않음.

- **호서(湖西)** : 충청남도와 충청북도를 아울러 이르는 말
- **관동(關東)** : 강원도에서 대관령 동쪽에 있는 지역
- **관서(關西)** : 한반도의 북서부, 현재의 평안남도, 평안북도, 평양, 자강도 일대
- **시사(詩社)** : 시인들이 만든 문학 단체
- **발문(跋文)** : 책의 끝에 본문 내용의 기본적인 줄거리나 책을 만드는 과정을 간략하게 적은 글

바늘 대신 책을 들고

"콜록콜록!"

금원의 기침 소리가 방문을 넘어왔다. 집 안 가득 울리는 금원의 기침 소리가 겨우 잦아들자 금원의 아버지는 혀를 끌끌 찼다.

"쯧쯧, 아무래도 금원이는 바느질이나 부엌일을 가르치기는 힘들 것 같소."

옆에서 바느질을 하던 금원의 어머니도 옅은 한숨을 내쉬었다.

"그러게요. 저렇게 몸이 약하니, 그저 건강이나 잘 챙기길 바라야 하는 건지……."

어머니는 말을 잇지 못했다. 금원은 어릴 적부터 몸이 약해 골골

대며 잔병치레가 많았다. 찬바람이 불면 기침을 달고 살았고, 부엌일을 배우려 조금만 힘을 써도 다음 날 온몸이 뜨겁게 달아오르며 앓아눕곤 했다.

"그래도 글을 곧잘 읽으니 총명한 것이 기특하오."

아버지의 입가에 흐뭇한 미소가 살짝 어렸다. 그러나 어머니는 한숨을 쉬며 고개를 저었다.

"그래 봤자 아녀자인데, 글을 잘 읽는 것이 무슨 소용이 있겠어요. 바느질 한 땀 잘하는 것보다 못한 일이지요."

벽이 얇은 집이라 소리를 낮춘 아버지, 어머니의 목소리라도 자리에 누워 있는 금원의 귀에 그대로 전해졌다. 금원은 부모님의 대화를 듣고 낯빛이 어두워졌다. 곁에 같이 누워 있던 아우 경춘이 금원을 위로했다.

"언니, 너무 서운해하지 마요. 어머니가 말씀은 저렇게 하셔도 언니 글 읽는 소리가 낭랑하다고 여러 번 칭찬하셨어."

경춘의 말에 금원이 씁쓸히 웃었다.

"어머니 말씀이 맞기도 하지. 우리가 글을 잘 읽고 잘 쓴들 과거 시험을 볼 수 있는 것도 아니고, 글을 써서 이름을 떨칠 수 있는 것도 아니고."

"과거 시험이라니, 언니는 별 이상한 생각을 다 해요. 누가 듣기라도 하면 어쩌려고요."

경춘이 놀란 토끼 눈으로 목소리를 확 낮췄다. 마치 누가 듣기라도 하는 듯 주위를 휘휘 둘러보기까지 했다. 몰락한 양반 집안의 아버지와 기생 출신의 어머니 사이에서 태어난 금원과 경춘이 과거 시험을 볼 수는 없는 노릇이었다. 게다가 금원과 경춘은 여자가 아니던가. 그러니 길쌈•이나 바느질을 배워 시집이나 잘 가면 될 일이고, 아니면 어머니처럼 기생이 되는 길밖에 없었다. 금원이 과거 시험을 입에 올리는 일만 해도 감히 꿈도 못 꿀 일을 바라는 것 같아, 경춘은 금원을 불안한 눈빛으로 바라보았다.

• 길쌈 : 실을 내어 옷감을 짜는 모든 일을 통틀어 이르는 말

금원은 그런 경춘의 눈빛을 아는지 모르는지, 혼자 깊은 생각에 빠졌다. 금원이 앓아누우면 어머니는 금원을 간호하며 종종 다른 사람들에게 들은 세상 이야기를 풀어놓곤 했다.

"세상은 참으로 넓고 높고 깊단다. 어떤 사람은 중국에 가서 땅끝을 봤다고 하기도 했고, 어떤 사람은 금강산에 올라 하늘과 닿았다고 자랑하기도 했었지. 우리 금원이도 얼른 건강해져서 땅끝도 밟아 보고 하늘에도 닿아 보렴."

열에 들떠 끙끙 앓으면서도 금원은 그 이야기가 좋았다. 넓은 세상을 돌아다닌 사람들의 이야기를 듣다 보면 금원도 언젠가는 중국에도 가 보고 한양을 밟거나 금강산 유람을 떠날 수도 있을 것 같았다.

그러나 현실에서 금원이 할 수 있는 일은 별로 없었다. 몸이 약해서 아녀자로서 해야 할 일도 잘하지 못했고, 그렇다고 남자가 해야 할 일을 하며 살 수도 없었다. 유일하게 좋아하고 잘하는 것은 책을 읽고 글을 짓는 것이었다. 책 속에는 금원이 알고 싶은 세상이 있었다. 생각의 나래를 펴서 어디든지 훌쩍훌쩍 날아갈 수 있었다.

양반 집안이라고는 해도 이제는 벼슬길과 멀어진 아버지는 강원도 시골의 가난한 선비일 뿐이었다. 물려받은 땅도 없어 어머니의 삯바느질과 길쌈으로 하루하루 입에 풀칠을 할 뿐이었다. 그러나 금원은 어떠한 가난에도 변함없이 꼿꼿한 아버지의 등이 좋았다. 관직에서 멀어져도 책 속에서 길을 찾는 아버지의 눈빛이 자랑스러웠다.

다행히 어머니는 솜씨가 좋아 바느질 일거리가 계속 있었다. 아버지의 소실•이 되기 전에 기생이었던 어머니는 예전부터 바느질과 음식 손끝이 야무져 여기저기 부르는 곳이 많았다. 경춘은 그런 어머니를 닮아 어릴 적부터 가르쳐 주는 대로 음식과 바느질, 길쌈 등을 곧잘 했다. 경춘은 이대로 잘 자라서 어머니처럼 솜씨 좋은 기생이 될 수도 있고, 양반집 소실이 되어 얌전한 아녀자의 길을 갈 수도 있을 듯했다.

금원의 친구들 중에는 벌써 혼처가 정해져 시집갈 준비를 하는 이들도 있었다. 친구들과 아우 경춘은 가야 할 길, 어찌 보면 으레 가게 되는 그 길을 순순히 따라갔다. 금원은 그 모습이 편안해 보이면서도 답답한 마음 또한 밀려드는 것을 어쩔 수 없었다.

"그냥 이렇게 답답하게 살아야 하나? 남들처럼 시집가고, 기생되고."

• 소실(小室) : 정식 아내 외에 데리고 사는 여자

금원의 말에 경춘은 눈이 동그래져서 다시 물었다.

"언니, 답답하세요? 언니가 지금은 몸이 약해서 기운이 달리니 조금 건강해지면 집 앞에 바람 쐬러 나가요."

경춘은 금원이 자꾸 엉뚱한 생각을 하는 것 같아 얼른 말을 돌렸다. 벽 너머 부모님이 이 말을 듣게 될까 조바심이 나서 목소리를 더욱 낮추었다. 경춘은 평범한 아녀자의 길을 답답하다고 생각하는 금원이 더 답답했다.

"우리 어머니도, 우리 할머니도, 우리 할머니의 할머니도 다 그렇게 살아오신 것이니 당연한 길이지요."

경춘이 금원을 조곤조곤 설득했다.

"그래, 그게 이상하다고. 그게 왜 당연해? 남들이 하니까, 할머니와 어머니가 살아왔던 길이니까 나도 똑같이 그렇게 살아야 하는 것은 아니잖아. 고모님만 해도 시를 쓰는 분으로 이름이 나 있잖아."

금원의 말소리는 차분했지만 단단한 심지가 들어 있었다. 금원의 고모인 기각은 유명한 여류 시인이었다. 고모는 어릴 적부터 금원을 특히 귀여워하며 기특해했다. 고모를 닮아 총명하고 글머리가 있다고 남달리 예뻐했다. 멀리 떨어져 있어도 편지로 그간 공부한 것을 묻기도 하고 새로 지은 시를 보내라 하여 칭찬을 하거나 도움을 주고는 했다.

"그거야 고모님은 양반이시니……."

경춘은 차마 말을 맺지 못했다. 똑같이 책을 좋아하고 시를 짓는 솜씨가 있어도 양반인 고모와 소실에게서 태어난 서녀•인 금원의 처지는 다를 수밖에 없었다. 양반은 신사임당이나 허난설헌처럼 책이라도 남길 수 있었지만, 금원에게는 그조차 어려운 일이었다.

"그럼 언니는 뭐가 하고 싶은데요?"

경춘이 분위기를 바꾸려는 듯 얼른 말을 이었다.

"……."

경춘의 물음에 금원은 얼른 대답을 할 수 없었다. 다시 같은 생각으로 돌아오고 말았다.

'넓은 세상을 보고 싶어.'

글자를 모르는 개나 돼지로 태어나지 않고 사람으로 태어난 것은 참 다행이었다. 그리고 만약 야만인의 나라에서 태어났다면 책도 읽을 수 없고, 책에 담긴 높고 깊은 뜻도 배울 수 없었을 것이다. 그러니 글이 있는 나라에서 태어난 것 또한 참으로 다행이었다. 그

• 서녀(庶女) : 소실이 낳은 딸

러나 글을 배워도 여자라서 쓸 곳이 없고, 집안이 가난하여 다른 꿈을 펼칠 길도 찾을 수 없는 것은 어찌해도 바꿀 수 없는 아쉽고 속상한 부분이었다.

'다른 사람들은 뭘 하며 살아갈까?'

금원의 생각은 거기까지 미쳤다.

"그래!"

금원은 누웠던 자리에서 눈을 반짝 빛내며 벌떡 일어났다. 곧이어 터져 나온 기침에 금세 허리가 구부러졌지만, 금원의 창백했던 얼굴에 모처럼 생기가 돌았다.

"깜짝이야! 왜 그래요, 언니? 뭐가 생각났어요?"

경춘도 놀라서 같이 몸을 일으켰다.

"쿨럭쿨럭!"

기침 소리는 잦아들지 않았지만, 금원의 눈빛이 어느 때보다 빛났다.

"왜 보고 싶다고 생각만 했지? 보고 싶으면 보면 되잖아. 나는 세상을 볼 거야. 보고 싶은 것들을 다 보고 말 거야."

금원의 아리송한 말에 경춘은 고개를 갸웃거렸다. 어떻게 세상을 본다는 것인지, 무얼 보고 싶다는 것인지 도무지 금원의 마음속을 알아챌 수 없었다.

"언니가 아프긴 아픈가 봐요. 헛소리를 하는 걸 보면."

경춘이 작은 소리로 중얼거렸지만, 금원의 귀에는 아무 소리도 들리지 않았다.

한겨울 차가운 달빛에 마른 나뭇가지가 파르르 떨렸다.

남장을 하고 나를 찾아

"아니, 그게 말이 된다고 생각하느냐? 무슨 얼토당토않은 소리냐?"

아버지의 얼굴이 붉으락푸르락했지만, 금원의 눈빛은 흔들림 하나 없었다.

금원은 한 달째 아버지, 어머니를 조르고 있었다. 금강산 여행을 가겠다는 것이었다. 아버지는 금원의 금강산 여행을 허락할 수 없는 이유에 대해서 조목조목 말했다.

"첫째, 너는 여자다. 둘째, 너는 어리다. 셋째, 너는 몸이 약하다. 넷째, 다른 곳도 아니고 금강산은 험하여 더욱 위험하다. 다섯째,

혼인 시기를 놓친다. 여섯째, 여비가 없다. 일곱째, 금강산에 갈 이유가 없다. 여덟째…….”

아버지가 말하는 이유는 날마다 길어졌다. 금원의 여행을 절대 허락하지 않겠다는 아버지의 단단한 속내가 엿보였다. 그러나 금원의 고집 또한 만만치 않았다.

"첫째, 여자도 사람입니다. 둘째, 비녀를 꽂을 나이인 열다섯이 되기 전에 강산의 아름다운 경치를 두루 보고 성인의 마음을 읊다 오기에 알맞은 나이입니다. 셋째, 계속 보양식을 먹고 운동을 하며 건강해지고 있으며, 유람•을 다니면 더 튼튼해질 수도 있습니다. 넷째, 험한 곳이라 해도 임금님께서 행차하신 곳이니 길이 닦여 있을 것이 분명합니다. 다섯째, 혼인하고 갈 수는 없으니 지금이 가장 적당한 시기입니다. 여섯째, 여비는 제가 마련해 놓은 것도 있고 또 삯일을 하며 벌면서 가겠습니다. 일곱째, 금강산에 갈 이유는 저한테 분명히 있습니다. 제가 가야 할 목적이 있어서 가는데, 아버지께서 그 이유를 있다 없다 말씀하실 수는 없지요. 여덟째…….”

아버지의 말에 금원은 따박따박 반박을 하며 한마디도 지지 않았다. 한 달째 집안 분위기가 살얼음판 같았다. 봄이 오느라 산빛은

• 유람(遊覽) : 돌아다니며 구경함.

연초록으로 물들고 계곡에는 여린 물소리가 졸졸 흐르기 시작했지만, 금원의 집안은 한겨울 동지보다 더 차가운 공기가 맴돌았다.

"제발 뜻을 거둬라. 아버지가 안 된다는데 왜 자꾸 고집을 피우느냐?"

"그래요, 언니."

어머니와 경춘도 아버지의 눈치를 보며 금원을 말렸다. 애초에 금원이 금강산 여행을 떠나겠다는 말을 꺼냈을 때부터 아버지보다 더 놀란 어머니와 경춘이었다. 특히 어머니는 얼굴이 하얗게 질릴 정도로 놀라 한동안 입을 다물지 못했다. 금원의 말에 하늘이 무너진 듯 땅이 꺼진 듯 주저앉은 것도 어머니였다.

"어머니도 저에게 넓은 세상을 밟아 보라 하지 않으셨습니까?"

당당히 묻는 금원의 말에 어머니는 당황한 빛이 역력했으나 얼른 말을 받아쳤다.

"그거야 얼른 나으라고 한 말이지. 이다음에 혼인해서 남편 따라다녀도 되고."

어느 쪽도 물러설 기미가 보이지 않았다. 부모님은 부모님대로 금원을 절대 밖으로 내보내지 않겠다는 의지가 굳었고, 금원은 금원대로 반드시 금강산 여행을 가겠다는 뜻을 꺾지 않았다.

겉으로는 태연한 척해도 봄이 지나갈수록 금원은 조바심이 났다. 사실 원주에서 금강산 여행을 떠나겠다는 일행이 있어, 금원은 거기에 낄 생각이었던 것이다. 일행들이 떠난다는 날짜가 가까워 오자 금원은 더 이상 가만히 앉아 허락만 기다릴 수 없었다.

금원은 자기 방으로 들어가 준비해 둔 남자 옷으로 갈아입고 머리를 동자처럼 묶은 후 두건까지 둘렀다. 어깨가 가냘프긴 했지만, 영락없는 중인• 집 도령이었다. 금원은 가족들 눈을 피해 조용히 방에서 나온 다음, 사립문을 통해 다시 집으로 들어오며 목소리를 가다듬었다.

"흠흠, 계십니까?"

금원은 일부러 낮고 굵은 목소리로 말했다.

"네, 나갑니다."

부엌에서 저녁을 차리던 어머니가 행주치마에 손을 닦으며 나왔다. 삯바느질이나 길쌈을 부탁하러 온 하인일 거라 생각했던 어머니는 처음 보는 중인 도령을 보고 멈칫했다.

"뉘신지……?"

어머니는 찬찬히 금원을 아래위로 살피더니 흠칫 놀랐다.

• **중인(中人)** : 조선 시대에, 양반과 평민의 중간에 있던 신분 계급

"너, 금원이?"

어머니는 금원의 주위를 돌며 금원을 다시 살펴보더니 화난 목소리로 꾸짖었다.

"이게 무슨 짓이냐? 엉뚱한 생각을 하지 말라 했더니 이젠 아예 남자의 옷을 입고 엉뚱한 행동을 하기로 한 것이냐? 이 무슨 해괴망측한 짓이냐?"

어머니는 남이 들을까 두려운지 소리를 높이지는 않았지만 목소리에는 단단한 노여움이 실려 있었다.

"이토록 가고 싶습니다."

금원도 낮고 차분한 목소리로 입을 떼었다. 차분했지만 금원의 목소리에는 단단한 심지가 들어 있었다.

"저는 너른 세상을 보고 싶습니다. 규방˙에 갇혀 세상이 어떤지도 모른 채 살고 싶지 않습니다."

"그게 무슨 말이냐? 다 그렇게 사는데 왜 너만 유독 그렇게 살고 싶지 않다는 것이냐?"

어머니의 목소리에는 속상함에 울음기까지 섞여 있었다.

"그래서 어머니는 행복하셨습니까?"

˙ **규방(閨房)**: 여자가 지내는 방

눈을 내리깔고 또박또박 말하는 금원의 말에 어머니는 순간 말문이 턱 막혔다. 문득 어머니의 머리에 금원의 나이였을 때가 주마등처럼 떠올랐다. 금원의 어머니 역시 자신의 어머니가 기생이었던 까닭에 당연히 기생이 될 운명이었다. 하지만 당연하다고 생각하면서도 자신 역시 가슴이 답답함을 느꼈었다. 중국이나 조선 땅 여기저기를 다니는 사람들의 이야기를 들으면 너무 부러워 차라리 새가 되어 훨훨 날고 싶다는 생각도 했다. 자기도 모르게 한숨이 자꾸 나와 어머니에게 꾸지람을 들었던 것도 여러 번이었다. 그저 그렇게 남들이 가는 길에 떠밀려 물 흐르듯이 금원의 어머니 또한 시간을 흘려보냈었다.

"가슴 설레는 일을 하고 싶습니다."

금원의 말에 어머니는 아무 말 없이 가만히 금원을 바라보기만 했다. 두 사람의 눈빛이 허공에서 마주쳤다. 어머니의 눈빛에 더 이상 노여움이 담겨 있지 않았다.

그때 바깥일을 보고 사립문을 들어오던 아버지가 금원의 뒷모습을 보고 헛기침을 했다.

"흠흠, 누가 오셨는가?"

금원은 손을 모으고 정중히 아버지에게 허리를 굽혔고, 어머니

도 입을 다물고 아버지를 맞았다.

"손님이 오셨으면 방으로 모실 일이지, 어찌 밖에 이리 세워 두었소?"

아버지가 방으로 금원을 들이려 하며 얼굴을 슬쩍 보더니 깜짝 놀라 주위를 휘휘 살폈다. 주변에서 누가 볼까 어머니처럼 눈치를 본 것이었다.

"이게 무슨 짓이냐? 남이 볼까 두렵구나. 어서 방으로 들어라."

방에 앉은 아버지는 금원을 바라만 볼 뿐 입술을 굳게 닫고 아무 말도 하지 않았다. 남장을 한 딸의 모습이 낯설고 기가 막혔다. 따라 들어온 어머니도 옆에 앉았다.

"저는 꼭 금강산 유람을 가고 싶습니다. 부디 허락해 주십시오."

금원이 먼저 무거운 공기를 갈랐다.

"금강산에 다녀오면 뭐가 달라진다는 것이냐? 그 흉한 꼴이 도대체 뭐란 말이냐?"

아버지의 꾸짖음이 어느 때보다 엄했다.

"남장을 하면 아버지께서 염려하시는 점이 많이 줄어들 수 있을 거라 생각했습니다. 넓은 세상을 보고 오면 뭔가 달라져 있겠지요. 뭐가 달라질지 저도 궁금합니다."

아버지의 엄한 목소리에도 금원은 목소리 하나, 눈빛 하나 흔들리지 않았다. 또다시 방 안에 무거운 침묵이 내려앉았다.

"저는……."

이번에는 어머니가 먼저 입을 떼었다.

"금원이의 길을 응원해 주고 싶습니다."

아버지는 물론, 금원조차 놀란 눈빛으로 어머니를 바라보았다.

"금원이 말이 맞습니다. 저는 당연하게 운명에 떠밀렸지만 금원이는, 제 딸은 한 번이라도 자기 길을 가 보게 하고 싶습니다."

어머니의 목소리에 물기가 서렸다. 그런 어머니의 목소리를 듣자 그때까지 차분했고 단단했던 금원도 눈가가 촉촉해지고 코가 빨개졌다.

"그게 무슨 말이오?"

"넓은 세상을 보고 싶다 하지 않습니까? 아이의 결심이 굳습니다."

어머니의 응원에 금원도 힘을 내어 아버지를 더욱 설득했다.

"저를 한 번만 믿어 주십시오."

금원의 눈이 반짝였다. 아버지는 어머니와 금원을 번갈아 바라보았다. 간절하면서도 굳은 눈빛이 꺾이지 않을 것이 분명했다.

"반드시 무사히 돌아와야 한다."

한참 만에 아버지의 허락이 떨어졌다. 금원은 참았던 눈물을 주르르 흘렸다. 어머니도 코를 훌쩍이며 옷고름으로 눈물을 닦았다.

"네, 명심하겠습니다."

금원의 얼굴이 어느 때보다 환하게 빛났다.

나뭇가지의 연한 새순이 따뜻한 바람에 흔들리는 봄날이었다.

신선의 호수에서

"잘 다녀오겠습니다."

허리를 굽혀 씩씩하게 인사하는 금원의 모습이 제법 동자 같았다. 머리를 단단히 묶고 대님을 단단히 동여맨 것이 야무져 보였다.

금원은 일행에 끼어 금강산을 여행하겠다는 계획을 바꾸었다. 온전히 혼자의 힘으로 길을 걷고 만들어 갈 요량이었다. 싱글벙글한 금원과 달리 어머니의 얼굴은 금방이라도 울 듯했다.

"아침저녁으로 바람이 찰 수도 있다. 옷을 단단히 챙겨 입어야 하느니라. 산이 험하니 발을 디딜 때도 조심해야 하고. 산에 뱀이나 멧돼지 같은 사나운 짐승이 있을 것이니 그 또한 조심해야 하고, 산은 금방 어두워지니 반드시 밝을 때 내려오도록 해야 한다. 덥다고 찬물 벌컥벌컥 마시면……."

"어허, 그만하시오. 하도 많이 들어서 나까지 욀 지경이오."

아버지가 말리지 않았다면 어머니의 잔소리는 끝도 없이 이어질 지경이었다. 어머니는 며칠 전부터 금원과 눈이 마주치기만 하면 했던 걱정을 하고 또 했다. 허락을 하긴 했지만, 아무래도 이제 갓 열네 살이 된 금원을 혼자 멀리 보내는 것이 불안한 것은 어쩔 수 없었다. 아버지는 애써 담담한 표정을 짓고 있었지만, 불안한 눈빛은 어머니와 다를 바 없었다.

"자주 서찰을 넣어 연락해야 한다. 혹여나 무슨 일이 생기면 곧바로 돌아와야 한다."

어머니는 떠나는 금원의 옷자락을 붙잡고 또다시 당부했다.

"예, 꼭 그리하겠습니다."

"언니, 무사히 다녀오세요."

경춘도 눈물을 찍어 내며 금원을 배웅했다. 금원이 길을 출발하고서도 아버지, 어머니와 경춘은 오래도록 금원의 뒷모습을 바라보았다.

가족들의 염려와 달리 금원은 신나게 제천을 향해 발걸음을 떼었다. 며칠에 걸려 준비한 보따리 행장이 제법 묵직했지만 금원에게는 무게가 느껴지지 않았다. 막상 혼자 떠난다니 살짝 겁이 나기는 했지만 새로운 곳에 대한 기대감이 더욱 컸다.

'먼저 가까운 사군•으로 가서 의림지를 찾아가야지.'

금원은 여행을 결심하던 그때부터 생각했던 여정을 하나하나 다시금 새겨보았다. 머릿속에 지도를 그릴 정도로 생각하고 또 생각한 여정이었다. 그러나 여정은 계획일 뿐, 혹여 금원의 발길을 잡는 다른 풍광이 있다면 그 길을 따라가리라 설핏 웃음을 지어 보기도 했다.

원주에서 사군이 가깝다고는 해도 여자아이의 발걸음으로, 그것도 처음 가 보는 길을 찾아가는 것은 만만치 않았다. 그러나 춘삼월이라 햇볕은 따사로웠고 바람은 부드러웠다. 바람에 일렁이는 꽃잎이 향기로 금원을 맞아 주었다.

며칠을 걸어 제천에 도착한 금원에게 가마꾼들이 찾아왔다.

"도련님, 의림지 가십니까?"

"이 가마를 타십시오. 다섯 냥입니다."

• 사군(四郡) : 네 개의 고을이라는 뜻으로, 여기에서는 호서 지방에서 경치가 아름답기로 유명했던 단양, 청풍, 영춘, 제천을 뜻함.

의림지를 여행시켜 주는 가마꾼들이 손님을 잡으려 소리를 높이고 있었다. 의림지를 찾아온 선비들이 여기저기서 흥정을 하고 있는 것이 보였다. 금원은 이것저것 가마를 살핀 후, 청록 장막이 위와 옆으로 드리워지고 앞은 터놓은 가마 앞으로 다가갔다.

"의림지 가는 데 얼마요?"

청록 가마 앞에 앉아서 쉬고 있던 가마꾼 하나가 반가운 얼굴로 금원을 맞았다.

"석 냥에 해 드리겠습니다. 제가 아주 편하게 모시겠습니다. 도련님, 타시지요."

검게 그을린 얼굴이었지만 찬찬히 보니 금원 또래의 앳된 얼굴이었다. 어쩐지 그 앳된 얼굴에 믿음이 가서 금원은 다른 가마는 알아보지도 않고 그 청록 가마에 올라탔다.

"자, 출발합니다요."

가마를 잡고 가는 가마꾼들이 끄응 하고 가마를 들어 올리더니, 허탈하다는 듯이 허허 웃었다.

"아이고, 도련님. 밥을 많이 드셔야겠습니다. 가마가 영 가볍습니다, 허허."

금원은 못 들은 척 앞만 바라보았다. 가마꾼들의 발걸음에 맞추어 앞에 보이는 풍경이 사뭇 달라지고 있었다. 꽃들이 아름답게 웃으며 금원에게 손짓하는 것 같았고, 향기로운 풀들은 안개처럼 푸른색을 퍼뜨려 일렁이는 듯했다. 금원은 옆에 내린 장막도 살며시 걷어 보았다. 빙 둘러싼 푸른 산이 마치 비단에 수를 놓은 병풍 속으로 들어온 듯한 착각을 불러일으켰다.

'이제 막 발걸음을 시작했는데 이렇게 좋으니, 발걸음이 이어질수록 얼마나 좋을까.'

금원은 너무 좋아서 가슴이 터질 것 같았다. 시원한 공기가 가슴속 저 깊은 곳까지 들어와 온갖 걱정과 불안 등을 다 씻어 주어 티끌조차 남겨 두지 않는 듯했다. 이런 공기를 쐬고 다닌다면 그간 달고 살았던 기침이나 몸살도 한 번에 날려 버릴 수 있을 것 같았다.

"도련님, 의림지에 다 왔습니다."

가마꾼들이 가마를 내려놓자 금원은 가마에서 내려 삿을 치렀다. 연못은 그리 넓지 않았지만 푸른 물이 비단을 깔아 놓은 듯 맑았다.

"아!"

금원의 입에서 자기도 모르게 감탄사가 터져 나왔다. 맑은 물에 남장을 한 금원의 얼굴이 그대로 비쳤다.

맑은 물가에는 푸른 수초가 자라나 있었는데, 연꽃잎과 비슷하지만 더 작았다. 금원은 그 풀을 만지작거리며 자세히 들여다보았다. 보이는 것 하나하나가 귀하고 신기했다.

'이것이 순채라는 것인가 보다.'

의림지에 다녀온 사람들에게 순채에 대해 들은 적이 있었다. 의림지에서만 난다는 나물인데 맛도 아주 좋다고 했다. 연못을 덮은 푸른빛이 물과 잘 어울렸다. 이르게 핀 붉은 꽃이 푸른 잎 사이에 드문드문 보이는데, 마치 푸른 산에 빨간 등불이 켜진 듯 돋보였다. 순채는 어떤 것은 물 위에 둥둥 떠 있고 어떤 것은 물에 잠겨 있었다. 연못가에 있는 수양버들도 휙휙 늘어져 반은 물에 잠겨 있고 반은 땅에 끌리고 있었다.

한 쌍의 꾀꼬리가 늘어진 나뭇가지 사이를 재잘재잘 지저귀며 날아다녔다. 그 날개 빛이 예쁘고, 날갯짓이 활기차서 금원은 한참을 넋을 놓고 꾀꼬리를 눈으로 쫓았다. 한 쌍이 어찌나 정겹게 노니는지, 꾀꼬리를 바라보는 금원의 눈에 따뜻한 웃음이 담겼다. 금원은 꾀꼬리를 따라 팔을 벌리고 이리저리 뛰었다.

"푸드드득!"

금원이 뛰는 소리에 놀랐던지, 흰 갈매기들이 하늘로 날아올랐다. 금원은 흰 갈매기를 돌아보며 장난삼아 갈매기를 부르는 손짓을 했다.

"갈매기야, 가지 마라. 네 친구가 바로 나란다."

옛날 사람들이 흰 갈매기를 부르며 친구 삼았다는 구절을 읽은 기억을 떠올려 금원도 흉내를 내 보았다.

"어야디야, 노를 저어라! 어야디야, 그물을 던져라!"

어디선가 희미하게 고기잡이 노래가 들려왔다. 금원은 멀리 이끼가 푸르게 낀 바위를 바라보았다. 한 할아버지가 삿갓에 도롱이 차림으로 푸른 물결 속에 낚싯대를 드리우고 있었다.

"어잇차!"

힘을 주는 소리와 함께 낚싯대를 힘 있게 들어 올리는 것으로 보아 물고기가 잡힌 것 같았다. 마침 근처에 나룻배가 있어 금원은 배를 빌려 할아버지가 낚시하는 곳으로 가자고 했다.

바람이 고요해서 물결 하나 일지 않으니, 배에 앉아 있는 금원의 모습이나 배에서 바라보는 낚시하는 할아버지의 모습이 모두 붓으로 칠한 그림 같았다.

"어르신, 그림이 따로 없습니다."

• **도롱이** : 짚, 띠 등으로 엮어 허리나 어깨에 걸쳐 두르는 비옷

금원이 배에서 내려 주위를 둘러보고 감탄하며 입을 열었다. 푸른 하늘 아래 탁 트인 맑은 물에는 이런저런 물풀이 앞다투어 자라고 있었다. 물새가 한 번은 물을 차고 한 번은 하늘을 차며 물과 하늘의 경계를 넘나들지 않았더라면, 하늘과 물을 구분할 수 없을 정도였다.

"허허, 그렇습니까? 저는 늘 이 그림 속에 빠져 살고 있으니 이제는 별 감흥이 없습니다. 늘 그림 속에 살아 감흥 없는 나보다 한 번 보고 기쁨에 들뜨는 도련님이 낫구려."

할아버지가 껄껄 웃으며 답했다. 금원이 할아버지의 망을 들여다보니 큼지막한 물고기가 제법 들어 있었다.

"이 물고기 맛을 한번 볼 수 있겠습니까? 값은 넉넉히 쳐 드리겠습니다."

"그거야 어렵지 않지요."

할아버지는 그 자리에서 잡은 물고기 한 마리를 꺼내어 쓱쓱 비늘을 벗기고 손질했다. 깔끔하게 정리해서 회를 써는 모습이 한두 번 해 본 솜씨가 아니었다. 연못가의 커다란 나뭇잎 하나를 따서 그 위에 회를 놓으니 금세 신선의 상이 차려진 것 같았다.

"자, 다 됐습니다. 한 입 드셔 보시오."

할아버지의 말에 금원은 회를 된장에 푹 찍어 입에 넣어 보았다. 탱글탱글한 생선의 맛이 혀에서 그대로 느껴졌다.

"예부터 중국 오송강의 농어가 맛있다고 소문이 자자하던데 다 모르는 소리군요. 이보다 맛있을 수는 없을 겁니다."

금원이 연이어 회를 입에 넣으며 말하자 할아버지가 껄껄껄 웃었다.

"허허, 그렇소? 나는 무식해서 글은 모르지만 도련님 말이 맞을 거요."

어느새 지는 햇빛에 반짝이는 물결이 눈부셔 금원은 잠시 눈을 감았다. 감은 눈 사이를 뚫고 느껴지는 붉은빛과 이따금 물길을 차는 갈매기의 날갯짓 소리, 입 안을 가득 채운 생선회의 맛.

"아, 좋다!"

금원은 모든 것을 다 얻은 것 같았다.

순채를 먹으며

어느새 날이 저물었다. 금원은 주변에 묵을 숙소를 찾으려 고개를 돌려 살펴보았다. 연못가에 낡은 초가집이 몇 채 보였다.

"묵을 곳 구하시오?"

금원을 보던 할아버지가 물었다.

"네, 유람을 하는 중인데 묵을 숙소는 따로 정하지 않았습니다. 혹시 근처에 소개해 주실 만한 객주가 있을까요?"

• 객주(客主) : 조선 시대에, 다른 지역에서 온 상인들의 거처를 제공하며 물건을 맡아 팔거나 흥정을 붙여 주는 일을 하던 집으로, 그중 보행객주는 길 가는 나그네에게 술이나 음식을 팔고 손님을 재우는 영업을 했음.

금원의 말에 할아버지는 낚싯대를 정리하여 엉덩이를 툭툭 털고 일어섰다.

"갑시다."

금원은 놀라 손사래를 쳤다.

"아, 아닙니다. 그냥 가르쳐 주시기만 하면 됩니다. 굳이 이렇게 가실 것까지는 없습니다."

"우리 집이오."

할아버지는 짧게 말하고 앞장서서 걸었다. 금원은 순간 멍해졌다가 곧 그 말뜻을 알아채고 얼른 행장을 둘러멨다. 가는 길에 보니 순채를 파는 아낙들이 보여 금원은 순채를 샀다. 임금님께 올리는 진상품이라 하니 그 맛을 보고 싶었다. 할아버지는 순채를 사는 금원을 기다려 주다가 금원이 순채를 사자 다시 성큼성큼 걸었다. 할아버지의 발걸음이라 믿기지 않을 정도로 걸음이 빨랐다.

할아버지가 데리고 간 초가집은 나그네들이 묵어가는 객주가 아닌 보통의 여염집•이었다. 금원은 놀라서 걸음을 멈췄다.

"아니, 저는 이렇게 신세를 지고 싶진 않습니다."

"아니오. 노인네 둘이 사는 집이라 늘 적적했는데 손님이 들어

• 여염(閭閻)집 : 일반 백성의 살림집

좋습니다. 안사람도 좋아할 겁니다."

할아버지의 말대로 할아버지와 금원이 사립문을 열고 마당에 들어서자 할머니가 행주치마에 손을 닦으며 나와 환한 얼굴로 맞아 주었다.

"유람 온 도련님이시군요. 어서 들어오세요."

주름진 할머니 얼굴이 편안하고 친절해 보였다. 금원이 주저주저하자 할머니는 금원의 손을 잡고 이끌었다.

"이 양반이 또 말을 제대로 안 해 주고 이끌었나 보네요. 종종 있는 일입니다. 편히 쉬다 가세요."

할머니는 금원이 손에 든 순채를 보더니 금원을 보고 물었다.

"순채 먹는 법 아십니까?"

금원이 고개를 젓자 할머니는 금원의 손에서 순채를 받아 싱긋 웃었다.

"제가 순채 화채를 만들어 드리지요."

아까 먹은 생선회에 입이 텁텁했던 터라 금원은 화채란 말에 귀가 솔깃했다. 또 임금님 진상품이란 말에 순채를 막상 사 오긴 했지만 어떻게 먹어야 할지 몰랐기 때문에 할머니의 말이 반가웠다.

"괜찮으시면 제가 화채 만드는 법을 좀 봐도 되겠습니까?"

"얼마든지요. 그런데 도련님이 음식 만드는 법에 관심이 있으시니 신기합니다."

할머니는 아무 생각 없이 한 말이었지만 금원은 뜨끔하여 입을 다물었다. 금원이 사 온 어린 순채는 끈끈한 것으로 덮여 있었다. 할머니가 끓는 물에 살짝 데치자 끈끈한 것이 금세 녹아 사라졌다. 할머니는 그 순채를 다시 찬물에 헹구었다. 뜨거운 물에 늘어졌던 순채가 다시 탱탱하게 살아났다.

"오미자 우린 물이랍니다. 달고 짜고 쓰고 맵고 신 다섯 가지 맛이 느껴진다 해서 오미자라 이름 붙은 열매인데, 이것을 여덟 시간 이상 찬물에 담가 두면 빨갛고 투명한 빛의 새콤한 물이 우러난답니다."

할머니는 친절하게 설명한 후, 그 물에 꿀을 한 숟갈 넣어 살살 저었다. 다 저은 후에는 소금도 조금 넣었다. 소금을 조금 넣으면 단맛이 더 강해진다는 것을 금원은 어머니에게 들어 알고 있었다.

"귀한 꿀까지 넣어 주시네요."

할머니의 손길에 자상함이 묻어나 금원은 몸 둘 바를 몰랐다.

"우리 집에 오신 귀한 손님이니 마땅히 좋은 음식으로 대접해야지요."

할머니는 그 물에 데친 순채를 넣어 금원에게 내밀었다. 빨간 물에 길쭉한 초록색 순채가 둥둥 떠 있어 색이 돋보였다. 금원은 보기에도 예쁜 순채 화채를 한 모금 마셔 보았다. 새콤달콤한 오미자 물에 순채가 딸려 입 안으로 들어왔다. 순채는 사각사각 씹히는 맛이 싱그럽고, 오미잣국은 맑고 담백했다.

"중국의 어떤 사람은 고향의 이 맛이 그리워 벼슬도 그만두고 고향으로 돌아갔다던데 과연 그럴 만하네요. 목이 개운합니다."

금원은 오늘 의림지에서 느끼는 모든 것이 다 꿈만 같았다. 혼자

여행을 나서고 원주를 떠나 의림지에 도착하고 회를 먹고 순채를 먹어 보는 것이 모두 꿈에 그리던 일이라 지금도 꿈인지 생시인지 믿어지지 않았다.

"도련님은 아까부터 문자를 잘 쓰십니다, 허허."

할아버지가 금원을 보며 웃자 금원은 부끄러워 고개를 살짝 숙였다. 자기도 모르게 책에서 조금 읽은 것을 아는 척했나 싶어 후회도 되었다.

"어린 나이에 그렇게 문장을 잘 아니 대단하시네요. 저는 글자 하나 모르고 이렇게 늙었답니다."

할머니는 금원을 칭찬했지만 전혀 시기하거나 비꼬는 말투가 아니었다.

"어르신은 이렇게 음식 솜씨가 좋으시잖습니까? 저는 글자만 조금 알 뿐 아무것도 할 줄 모른답니다."

금원의 솔직한 마음이었다. 어릴 적부터 몸이 약해 아녀자가 배워야 할 것을 제대로 익힌 것이 없었다. 음식 만드는 것이나 바느질하는 것 모두 아우인 경춘이 더 뛰어났다. 금원은 글을 익혀 책만 읽을 줄 알았을 뿐 순채 하나 만질 줄 모르는 처지였다.

"그리 생각해 주면 고맙지요. 이렇게 주름지고 거친 손이지만 그

래도 오가는 손님들에게 따뜻한 밥 한 끼 해 드릴 수 있어 얼마나 감사한지요. 손님들이 든든히 속을 채워 다시 길을 떠나는 모습을 보면 헛살지는 않았구나 싶어 저 또한 기분이 좋아진답니다."

할머니의 얼굴에서는 뿌듯함이 묻어 나오고 있었다.

"그렇지요. 마땅히 그러하시지요."

금원은 할머니의 주름지고 거친 손을 묵묵히 바라보았다. 검게 그을리고 깊게 주름이 진 얼굴도 따뜻한 웃음으로 마주했다.

할머니는 수레바퀴처럼 그냥 하루하루 돌아가는 삶을 사는 것이 아니었다. 바퀴를 어디로 어떻게 굴려야 하는지 아는 것 같았다. 자신의 자리에서 묵묵히 최선을 다하고 다른 사람에게 행복을 주고 있었다.

"곧 저녁상 차릴 테니 잠시 쉬고 계세요."

초가집은 방이 두 칸이라 한 칸은 할아버지와 할머니가 쓰고, 한 칸은 손님이 묵어갈 수 있도록 침구가 깨끗이 정리되어 있었다.

금원이 대충 씻고 방에 들어가 잠시 피곤한 몸을 누이고 있자니 할머니가 저녁밥 차리는 냄새가 솔솔 코로 들어왔다. 별로 배가 고프지 않았는데 냄새를 맡으니 갑자기 배가 확 고파지며 꼬르륵 소리가 났다. 그러고 보니 오늘 하루 종일 먹은 것이라고는 할아버지가 준 생선회와 할머니가 준 순채 화채뿐이었다. 종일 여행에 정신이 팔려 제대로 끼니를 먹은 것이 없었다.

"같이 저녁 하시지요."

할머니가 문밖에서 부르는 소리에 금원은 곧 옆방으로 건너갔다. 보리가 많이 섞이긴 했지만 수북한 고봉밥에 따끈한 뭇국, 할아버지가 잡은 생선으로 요리한 구이와 조림, 윤기가 좔좔 흐르는 나물 반찬이 정갈하게 놓여 있었다.

"차린 게 변변찮습니다. 허기나 가시면 좋겠습니다."

할아버지가 반찬을 금원 앞으로 밀어 주며 말했다.

"무슨 그런 말씀을요. 먼저 드시지요."

금원은 배에 힘을 주어 꼬르륵 소리를 참으며 할아버지, 할머니가 수저 들기를 기다렸다. 할아버지가 수저를 들자마자 금원은 허겁지겁 밥을 먹었다. 밥은 달고 국은 피곤한 몸을 풀어 주었다. 할머니는 구운 생선을 발라 금원의 밥 위에 놓아 주었다. 금원은 주는 대로 넙죽넙죽 받아먹다가 문득 할아버지, 할머니가 숟가락질을 멈추고 흐뭇한 얼굴로 자신을 바라보는 것을 깨달았다.

"어, 왜 안 드십니까?"

"도련님이 하도 맛있게 드시니 저는 안 먹어도 배가 부릅니다."

할머니의 말에 금원은 마음속 저 깊은 곳까지 따뜻해지는 기분이었다.

"정말, 정말 맛있습니다."

금원은 밥알 하나 남기지 않고 그릇에 숭늉까지 부어 싹싹 긁어 먹었다. 집에서는 입맛이 없어 반 그릇도 비워 본 적 없는 금원이었다. 금원은 자기가 밥을 잘 먹는 것이 다른 사람을 행복하게 해 줄 수 있다는 것이 놀랍고 신기했다.

맛있는 저녁상과 구수한 숭늉과 깨끗한 이부자리. 금원은 낯선 곳에서 받은 따뜻한 환영에 여행길의 고단함을 풀 수 있었다.

신선의 바둑판에서

　금원은 제천을 떠나 단양으로 향했다. 단양의 청산곡 입구에 들어서서 세 곳의 선암을 두루 찾아보기 위해서였다. 선암은 신선들이 노닌다는 바위였다. 신선이 바둑을 둔다는 표현을 글로만 읽었었는데, 그런 풍경이 정말 있다 하여 꼭 눈으로 확인하고 싶었다.

　금원은 청산곡에 이르러 가장 낮은 곳의 하선암, 그보다 높은 곳의 중선암, 제일 높은 곳에 있는 상선암을 차례차례 다 들렀다. 금원은 그곳을 돌아보며 고개를 들어 주변을 둘러보았다. 바위 주변마다 두 개의 봉우리가 바위를 굽어보고 있는 것이 마치 신선이 이 바위를 내려다보는 것 같았다. 세 바위는 모두 크고 넓적하니 바둑판 같았다. 바위에 검은색과 흰색이 섞여 있어 진짜 바둑돌이 놓인 것처럼 보였다. 높은 봉우리는 신선 같고, 바위는 바둑판 같으니 신선들이 바둑을 두고 있는 모습 같다 하여 신선의 바위, 선암이라는 이름이 붙을 만했다.

"바둑이 참 재미있긴 한가 보네. 신선들도 이렇게 바둑에 깊이 빠진 걸 보니."

금원은 상선암 위에 앉아 돌을 바둑알처럼 딱딱 소리 내어 놓아 보았다. 아버지가 바둑을 두는 것을 보아만 왔을 뿐, 금원은 바둑을 배우지 않았다. 그러나 책에서 신선들이 바둑을 두다가 자기가 사는 곳으로 돌아가지 못했다는 구절을 여러 번 읽었다.

'저 봉우리들은 신선들의 흔적인가?'

신선들이 언젠가 다시 올 것 같긴 했지만 마냥 기다릴 수는 없으니 짚던 지팡이를 돌려 사인암으로 향하려는데, 문득 금원을 불러 세우는 목소리가 있었다.

"선암 보러 오셨습니까?"

상선암 주변에 자리를 깔고 종이를 펼쳐 놓고 그림을 그리는 사람이 금원에게 말을 걸었다. 아마 여행 온 사람들에게 그림을 그려 주고 돈을 받는 화공인 듯했다.

"네, 듣던 대로 정말 신선이 노닐다 간 곳 같습니다."

화공은 상선암과 그 계곡을 쓱쓱 그려 나갔다. 도화서•에 들지는 못한 시골의 화공이었지만, 붓 놀리는 솜씨가 대단했다. 한 번 붓질에 계곡이 하나 그려지고, 한 번 붓질에 바위의 형태가 나타났다.

주변에 그림 구경을 하고자 사람들이 하나둘씩 모여들었다. 금원도 그 무리에 끼어 화공의 그림을 구경했다. 화공은 붓질을 할 때는 숨을 잠시 멈췄다가 붓질을 한 곳이 마르기를 잠시 기다릴 때는 선암에 대한 이야기를 풀어놓았다. 화공의 입담이 좋아 점점 더 많은 사람들이 모여들었다.

"옛날 한 나무꾼이 이 산에 들어왔다가 우연히 할아버지 두 분이 바둑 두는 걸 보게 되었단 말이지요. 할아버지들의 바둑 실력이 뛰어나기도 했고, 바둑이 워낙 재미있어서 이 나무꾼은 나무하러 온 것도 잊고 그 옆에 주저앉아 그 바둑판을 구경했더란 말입니다. 가끔씩 훈수를 두면서 말입니다."

여기까지 말을 마친 화공이 또 붓에 먹물을 흠뻑 묻혀 쓱쓱 계곡을 칠했다. 분명 같은 검은색인데도 힘을 넣고 빼는 것이 다른지, 계곡에 금방 깊이가 생기고 높이가 달라졌다. 어떤 부분은 뒤로 물

• 도화서(圖畫署) : 조선 시대에, 그림에 관한 일을 맡아보던 관아

러선 듯 보였고, 어떤 부분은 앞으로 툭 튀어나올 것 같았다. 주변에 몰려선 사람들은 그림에 넋이 빠졌다가 화공이 입을 열면 또 그의 입담에 입이 헤벌어졌다.

"바둑 한 판이 끝나니 문득 날도 저문 것 같고, 시간도 어느 정도 지난 것 같아 옆에 내려둔 도낏자루를 들었는데!"

화공이 거기까지 하고 말을 끊었다. 사람들이 침을 꼴깍 삼켰다. 주변은 화공의 붓질 소리와 계곡을 졸졸 흐르는 물소리만 들릴 뿐 누구도 입을 열지 않았다. 화공의 말 한마디, 붓질 하나 놓치고 싶지 않은 마음이 다 같은 듯했다. 화공의 붓질에 이번엔 계곡 위에 나무가 쓱쓱 나타났다.

"툭! 도낏자루가 썩어 힘없이 후두두 부서지는 게 아니겠소? 나무꾼이 깜짝 놀라 다시 보니 도낏자루는 가루가 되어 없어지고, 바둑을 두던 할아버지들도 바람처럼 사라졌단 말입니다. 나무꾼이 그제야 할아버지들이 신선인 줄 알고 무릎을 탁 쳤다는 것입니다."

화공이 숨을 멈추고 붓으로 종이 위에 점을 찍자 나무에 나뭇잎이 크고 작게 달렸다.

"그래서 나무꾼은 어찌 되었소?"

참지 못한 구경꾼 하나가 다음 말을 재촉하자 화공은 빙그레 웃더니 구경꾼들을 죽 둘러보았다.

"집에 갔지요."

"에이!"

너무도 간단한 화공의 말에 구경꾼들 사이에서 실망의 탄식이 새어 나왔다.

"그런데!"

화공이 갑자기 목소리를 확 줄이더니 구경꾼들 앞으로 몸을 바싹 내밀었다. 구경꾼들이 다시 조용해졌다.

"집에 갔더니 산과 강은 옛날과 같은데, 동네에 살고 있는 사람들이 모두 모르는 사람들이더랍니다. 동네 사람들도 나무꾼을 낯선 눈길로 쳐다보고요. 나무꾼이 '이상하다, 그새 이 많은 사람들이 이사를 오갔나?' 하고 자기 집으로 갔는데."

화공은 말을 멈추고 다시 종이 위에 붓질을 했다. 물이 흐르고 바위가 편하게 자리를 잡았으며, 계곡 위에 우뚝 선 성성한 나무들이 바위를 굽어보는 형상이 드러났다. 아무도 화공의 말을 재촉하지 않고 그림과 화공의 얼굴만 번갈아 바라보았다.

"집에도 모르는 사람만 있더랍니다. 나무꾼이 하도 이상하여 주인의 얼굴을 가만히 들여다봤는데, 어딘지 모르게 자기와 닮은 듯도 하여 혹시 아는 사람인가 싶어 이름을 물었다지요. 이름을 들어도 모르겠기에 이번엔 자기 이름을 대며 혹시 이런 사람을 아냐고 물었더니, 이번엔 집주인이 깜짝 놀라더랍니다."

그새 그림은 거의 완성되어 있었다. 붓질 한두 번이면 그림도 완성이요, 입담 한두 마디면 이야기도 끝이 날 참이었다.

"집주인이 그 이름을 듣고는 '우리 5대조 할아버지 이름을 어찌 아시오? 어느 날 산으로 나무하러 갔다가 돌아오시지 않았다는데 혹시 소식을 아시는지요?' 하더랍니다. 그 집주인이 나무꾼의 5대손이었던 것이지요."

"아!"

구경꾼들 사이에서 짧은 탄식이 새어 나왔다. 금원도 그 이야기를 듣고 빙그레 웃었다. 이미 익히 알고 있었던 도낏자루 썩는 줄 모른다던 옛말이 이렇게 멋진 풍경 속에서 이렇게 맛깔나게 들리니 새롭고 흥미진진했다. 게다가 그사이에 완성된 화공의 그림도 훌륭했다.

"이 바위가 나무꾼이 도낏자루 썩는 줄 모르고 구경했다던 신선들의 바둑판입니다. 유람객들께서도 이 좋은 경치에 홀려 몇백 년 흘려보내지 마시고, 날 저물지 않게 돌아가십시오."

화공의 멋진 말과 그림에 구경꾼들이 박수를 쳤다.

"그 그림, 내가 사겠소."

"나도 한 장 그려 주시오."

"정말 도낏자루 썩는 줄 모르고 그림과 이야기에 빠져들었소, 허허."

그림을 사려는 사람들이 여럿 기다리고 있었지만, 화공의 붓질은 조급하지도 엉성하지도 않았다. 능숙하면서도 차분한 붓질에 자꾸 넋을 잃게 되었다. 그러나 갈 길이 남았기에 금원은 자리를 털고 일어났다.

"많이 배우고 가오."

금원은 화공에게 허리를 굽혀 깊이 인사했다. 화공은 금원을 향해 가벼운 목례로 답인사를 했다.

고려 시대 우탁이 사인 벼슬을 할 때 머물러 사인암이라 이름 붙은 바위 앞에 서서도 금원은 자꾸 화공과 그의 이야기가 떠올라 배시시 웃음이 났다. 날아다니며 지저귀는 새들은 자기들만의 즐거움에 빠져 날개를 퍼덕이며 사인암 주변을 빙빙 돌고 있었다.

책처럼 켜켜이 쌓인 사인암과 제일 꼭대기에 구부러진 바위 뒤로 해가 아련히 지고, 저녁연기가 그 주위를 감돌았다. 이제 사인암을 떠나야 할 시간이었다. 상선암에서 시간을 지체하는 바람에 사인암에서 머물 시간이 줄어들었지만, 금원은 화공을 만난 시간이 귀하게 느껴졌다.

'뒷날 다시 찾아올 수 있을 게야. 아니, 꼭 다시 와야지.'

금원은 사인암을 눈에 꼭꼭 담고 지팡이를 돌렸다.

금강산을 발아래 두고

금원이 여행을 떠난 지도 어느새 일주일이 지났다. 그간 제천 의림지에서 시작하여 단양을 거쳐 영춘과 청풍을 여행하고 마침내 금강산 여행길에 올랐다.

"콜록콜록!"

청풍에서 옥순봉을 보기 위해 작은 배를 타고 물결을 거슬러 올라갈 때 가랑비를 맞았는데, 그길로 몸이 으슬으슬 춥더니 기침이 나오기 시작했다. 그때는 옥항아리에 산호로 만든 붓을 꽂은 듯한 산봉우리들의 모습이 기이하고 아름다워 추운 줄도 몰랐는데, 나중에 문득 보니 옷이 흠뻑 젖어 있었다. 둥지를 찾아온 새들이 날개를 접고, 달빛에 바람까지 불자 그제야 빗줄기가 심상치 않은 것을 깨달았다. 짐이 거추장스러워 우비를 소홀히 하는 바람에 어딘가에 놓고 온 것이 실수였다. 게다가 꽃향기에 취하고 풍경에 취해 비가 오는 것에 아무 대비가 없었다. 어머니가 그렇게 주의를 주었는데, 그만 감기에 걸리고 말았다.

몸이 피곤하니 오히려 밤에 잠을 잘 이루지 못해 오랜 시간 뒤척였다. 낯선 곳에서 잠을 청하다 보니, 잠을 설치는 일도 많았다. 그럴 때면 금원은 시를 지었다. 여행을 하면서 본 풍경과 느낌을 시로 남겨 놓았다. 나중에라도 글을 읽으면 여행의 감상이 새록새록 떠오를 것 같았다. 그러다 보면 스르르 잠이 들기도 했고, 어느 날은 시를 짓는 즐거움에 동창이 밝아 오는 것도 모르곤 했다. 이날도 시를 짓다가 편안히 잠을 이룰 수 있었다.

다음 날 금원은 단발령에 올랐다. 금강산 1만 2천 봉을 바라보는 금원의 눈이 감격에 반짝였다. 금강산 봉우리는 눈으로 덮여, 모두 눈 무더기에 옥이 서 있는 것 같았다. 중국 연경에서 제일 멋있다는 서산도 신선이 사는 곳처럼 아름답다고 했다. 특히 눈 온 뒤의 산과 봉우리는 더욱 기이하고 신기하여 북경에서 꼭 봐야 하는 팔경 중 하나라고 했다. 그런데 지금 금원의 눈앞에 있는 금강산의 눈 덮인

봉우리는 서산에 결코 뒤지지 않을 것 같았다. 봉우리 위의 눈이 서산보다 희면 더 희지, 결코 더 어둡거나 지저분할 것 같지 않았다.

금강산의 산봉우리는 이리저리 층이 지고 이리저리 겹쳐져 어느 것은 구름 옆에 불쑥 솟고, 어느 것은 구름 위로 고개를 내미는데, 모두 사계절 내내 눈으로 하얗게 빛난다고 들었다.

"그림 같다는 말은 잘못되었네."

금원은 저도 모르게 혼잣말이 새어 나왔다. 지금까지 멋진 풍경을 보면서 신선이 사는 곳 같다느니, 그림 같다느니 하는 말을 여러 번 들었다. 신선이 사는 곳은 금원도 본 적이 없어 모르겠으나 이 풍경은 어떤 뛰어난 화공이라도 그림으로 담아낼 수 없을 것 같았다. 그야말로 풍경에 압도되어 숨이 멎는 듯했고, 이 거대한 풍경 앞에 서 있는 금원, 아니 인간들의 모습이 얼마나 자그마한지 직접 봐야 느낄 수 있었다. 종이가 아무리 크다 해도 이 풍경을 담을 수 없고, 물감이 아무리 많다 해도 이 오색찬란하고 기묘한 색을 칠할 수 없고, 화공의 솜씨가 아무리 뛰어나다 해도 붓질만으로 이 경치를 표현할 수 없을 것 같았다.

"역시 유람 오길 잘했어. 내가 조선에서 처음으로 금강산을 유람하는 여자겠지? 그것도 혼자. 내가 조선 최초의 여성 유람가다! 콜록콜록!"

머리가 묵직하고 연신 기침이 나왔지만 금원은 뿌듯함과 자신감으로 가슴이 벅차올랐다. 힘들다는 생각보다 이 풍경을 좀 더 눈에 담고 가슴에 담고 싶다는 생각이 더 컸다. 단발령을 꾹꾹 밟고 서 있던 금원은 아예 단발령에 다리를 펴고 앉았다. '멋지다.', '아름답다.'라는 말만으로는 부족한 이곳의 풍광을 그저 후루룩 스쳐 지나가고 싶지 않았다. 1만 2천 봉을 하나하나 살필 수는 없다 하더라도 되도록 오래 보고 싶었다. 금강산 여행을 처음으로 하는 조선의 여성 여행가라는 생각도 금원을 그 자리에 묶어 두었다.

다시 산길을 걸으니 그사이 봄이 깊어져 푸르름은 짙어졌고, 봄꽃들이 지면서 붉은색은 줄어들었다. 나무를 옮겨 다니며 두견새가 지저귀는 소리에 금원은 잠시 눈을 감고 그 소리를 들었다.

"꾸우꾸우!"

금원의 귀에는 그 소리가 새가 즐겁게 지저귀는 소리로 들렸다. 옛날 촉나라의 임금 두우는 고향에 돌아갈 수 없을 때 그 새의 소리를 "돌아가고 싶구나! 돌아가고 싶구나!" 하는 울음소리로 들었다는 이야기가 생각나 금원은 피식 웃었다. 마음에 따라 보이는 풍경, 들리는 소리가 다르게 느껴진다는 것이 딱 맞는 말이었다.

"나는 집에 돌아가고 싶지 않단다. 쿨럭쿨럭! 지금이 너무 좋단다. 쿨럭쿨럭!"

해가 지기 시작하니 늦은 봄기운도 제법 쌀쌀해져 금원은 더욱 몸이 오싹했다. 얼굴도 발개진 것이 느껴졌다. 열이 많이 오른 탓이었다. 머리도 더 무거워지고 몸에 힘이 빠졌다.

금원은 힘겹게 걸음을 뗐다. 지팡이에 점점 더 의지하게 되었다. 주변에 사람이 있으면 좋으련만 새들만 푸드덕거렸다.

'약을 챙겨 먹었어야 했는데.'

후회해도 늦은 일이었다. 숨소리만 거칠어지면 약을 들이밀던 어머니가 그리웠다. 금원의 입맛에 맞추어 미음이며 죽을 끓여 주

던 경춘도 보고 싶었다.

"푸르! 푸르르!"

다리가 풀린 금원의 귀에 문득 거친 숨소리가 들렸다. 주위는 어둑어둑했고, 사람 말소리나 그림자 하나 없었다. 금원은 발을 땅에 풀로 붙인 듯 꼼짝할 수 없었다. 팔에 소름이 쫙 끼치며 머리카락이 쭈뼛 서는 것 같았다.

혹시나 싶어 금원은 서서히 소리 나는 쪽으로 고개를 돌렸다. 역시 산짐승이었다. 눈이 퍼렇게 반짝이는 멧돼지가 가쁜 숨을 몰아쉬며 금원을 노려보고 있었다. 금원은 숨이 멎는 듯했다.

금원은 천천히 다시 고개를 돌린 후, 정신을 가다듬고 크게 심호흡을 했다. 그리고 냅다 뛰기 시작했다.

"푸르! 푸르르!"

멧돼지가 땅을 박차고 금원을 쫓는 소리가 들렸다. 나뭇가지가 금원의 얼굴을 때리고 풀이 금원의 발목을 잡았지만, 손으로 헤칠 여유도 없었다. 무조건 앞으로 달리고 또 달렸다. 금방이라도 멧돼지가 금원을 들이받을 것 같아 금원은 숨 쉴 시간조차 아끼며 달렸다. 가끔 멧돼지의 뜨거운 입김이 종아리에 느껴지는 것 같아 금원은 더욱 다리를 재게 놀렸다. 뺨에 이리저리 나뭇가지가 할퀴고 간 자국이 남았고, 신발은 어느새 벗겨져 버선발이었다.

얼마나 달렸을까. 시간이 꽤 흐른 것 같았다. 금원은 점점 숨이 가빠 오고 다리에 힘이 풀리는 것이 느껴졌다. 멧돼지가 코앞까지 다가와 금원을 들이받는다 해도 더 이상 발을 들어 옮길 힘이 없었다. 눈앞이 가물거리고 점점 어지러워 한 발 디디기가 힘들어졌다. 금원은 정신을 부여잡자고 다짐을 하는데도 자꾸 가물가물해지는 것을 어쩔 수 없었다.

"도련님!"

금원은 누군가가 팔을 움켜쥐는 것을 느끼며 그대로 정신을 잃었다.

"도련님! 정신 차리세요! 도련님!"

시간이 얼마나 지났을까. 금원은 힘겹게 눈을 떴다. 누운 채로 고개를 돌려 보니, 작지만 정갈한 방 안이었다. 벽지도 오래되긴 했지만 지저분하게 묻은 것 하나 없이 깔끔했다. 문틀은 빛이 바래었지만 창호지는 봄을 맞아 새로 바른 듯 하얗고 깨끗했다. 그 하얀 창호지 너머에서 햇빛이 쏟아져 들어오고 있었다. 은은한 향내도 느껴졌다.

"여기가 어디지? 혹시 집인가?"

금원은 이대로 집에 도착한 거면 좋겠다는 생각이 들었다.

금원은 몸을 일으켜 벽에 기대앉았다. 깨질 것 같은 두통과 어지럼증 때문에 단발령에서 길을 잃었던 것이 기억났다. 몸은 언제 그랬냐는 듯이 개운했다. 열도 다 내렸고, 무엇보다 머리가 가볍고 어지럽지 않았다. 이제 눈이 떠지고 고개를 들 수 있었다.

"도련님, 이제 정신이 좀 드셨습니까?"

밖에서 소년의 소리가 들려 금원은 옷매무새를 고쳐 앉았다. 혹시 정신을 잃은 틈에 여자인 것이 들통나지 않았나 걱정되었다.

"누구신지?"

금원은 자리를 털고 일어나 이부자리를 대충 정리하고 경계의 눈빛으로 문을 열었다. 까까머리 동자승이 다기와 차를 들고 있었다. 얼핏 보아 금원보다 두세 살 어린 것 같았다.

"주지 스님께서 도련님이 일어나셨는가 뵙고, 따뜻한 차를 올리라 하셔서요."

"아, 예."

어린 동자승의 눈빛이 똘망똘망했다. 키는 작지만 보기 좋게 가무잡잡하게 탄 데다 몸집도 다부져 보였다. 금원은 얼른 다기와 차를 받아 방에 들였다. 막상 다기를 받기는 했지만, 어찌해야 할지 몰라 금원은 멀뚱히 바라보기만 했다. 이런 일이 생길 줄 알았더라면 어머니의 잔소리를 그냥 흘려듣지 말고 차 내리는 법을 잘 배워둘 걸 그랬다 싶었다.

"괜찮으시면 제가 차를 드려도 될까요?"

금원이 머뭇거리는 것을 눈치채고 동자승이 먼저 입을 열었다.

"예? 아, 아, 예."

금원은 잠시 생각하다가 동자승을 들였다. 금원이 여자인 것을 눈치챈 것 같지는 않았다. 얼굴에서부터 선한 빛이 묻어나는 동자승이었다. 동자승은 신발을 벗고 들어와 익숙한 손동작으로 차를 만들었다. 주전자에 찻잎을 넣고 우려낸 첫 물은 잔을 덥혀 헹구어 버리고, 다시 주전자에 물을 부어 잔에 따른 후 금원에게 내밀었다.

한두 번 해 본 솜씨가 아니었다. 마침 찻잔이 두 개이기에 금원은 동자승에게도 차를 권했다.

"같이 마시지요."

"예, 헤헤."

동자승이 맑게 웃으며 선선히 대답하는데 그제야 개구진 어린아이의 얼굴이 드러났다.

"제가 여기에 어떻게 왔습니까?"

금원이 조심스레 물었다. 산에서 정신을 잃은 것까지는 기억이 났는데 어떻게 해서 이 사찰에 도달했는지는 도무지 기억이 나지 않았다.

"정말 기억이 안 나십니까? 아무것도 기억이 나지 않으십니까?"

동자승이 깜짝 놀라며 금원에게 되물었다. 동자승은 뭔가 알고 있는 것 같았다.

"그게……."

금원이 멋쩍어하며 말을 잇지 못하자 동자승이 얼른 다시 헤헤거리며 대답했다. 동자승은 빙글빙글 웃고 있었지만 금원을 놀리는 얼굴빛은 아니었다.

"어제 단발령에서 비틀비틀 걸으시기에 제가 혹시나 싶어 몇 번을 불러도 못 들으시더라고요. 얼른 가서 부축했는데 그만 정신을 잃으셔서 제가 여기까지 업어 모시고 온 겁니다."

아무리 금원이 여자고 동자승이 남자라고는 해도, 축 늘어진 금원을 업고 산길을 걷는 것은 매우 힘들었을 터였다. 게다가 동자승의 나이도 분명 금원보다 어려 보였다.

"저희 주지 스님이 약초를 잘 아십니다. 어제 도련님 상태를 보더니 약초를 달여 숟가락으로 그 물을 떠먹여 주신 겁니다. 오늘은 말짱하시지요?"

"아!"

금원은 그제야 몸이 가뿐해진 이유를 알 것 같았다.

"여기는 어디인가요?"

금원은 다시 정신을 차리고 물었다.

"장안사입니다. 지금은 해가 중천에 떴고요. 우선 몸을 회복하셔야 한다고 주지 스님이 도련님을 깨우지 못하게 하셨습니다."

금원은 고개를 끄덕였다. 그리고 말없이 동자승에게 차 한 잔을 더 따랐다. 그 손길에 고마운 마음이 한껏 담겨 있었다. 어린 동자승이 무거운 금원을 업고 산길을 휘적휘적 왔을 생각을 하니 마음이 찡했다.

"고맙습니다. 정말 고맙습니다."

금원은 동자승이지만 깍듯하게 예를 차렸다. 어젯밤 금원의 상태를 봐서는 산짐승의 밥이 되거나 발을 헛디뎌 어느 골짜기에 떨어진다 해도 전혀 이상한 일이 아니었다. 어린 동자승 덕분에 이렇게 사찰까지 무사히 올 수 있었다니 다시 생각해도 고마웠다.

"헤헤, 뭘요."

동자승의 웃음이 햇빛보다 더 빛났다. 금원도 따라 웃을 수밖에 없었다. 열어 놓은 문으로 들어오는 봄바람이 어제보다 한결 부드러웠다.

떠나고 싶은 아이

　금원이 차를 다 마시자 동자승은 다기를 들고 총총거리며 물러갔다. 금원도 방에서 나와 사찰 마당을 찬찬히 살폈다. 그제야 주위가 눈에 들어왔다.

　방 안처럼 마당 또한 정갈했다. 반짝반짝 빛나는 모래에 가는 풀이 고르게 나 있고 낙락장송이 하늘을 향해 우뚝우뚝 솟아 있었다. 깔끔하고 고르게 정리되어 스님들의 부지런함이 엿보였지만, 사람의 손이 자연을 헤집은 것 같은 억지스러움은 없었다. 삼사 층의 법당이 불쑥 솟아 금강산 골짜기를 누를 듯, 그 규모가 으리으리했다.

• 낙락장송(落落長松) : 가지가 길게 축축 늘어진 키가 큰 소나무

금강산이 어마어마한 만큼 사찰도 규모가 엄청났다.

금원은 입이 쩍 벌어져 사찰 주변을 둘레둘레 살펴보았다.

"일어나셨습니까?"

문득 들리는 소리에 금원이 놀라 돌아보니, 주지 스님으로 보이는 늙은 스님이 법당 위에서 금원을 굽어보고 있었다.

"아, 예. 어젯밤 큰 신세를 졌습니다. 이 은혜 평생 잊지 못할 것입니다."

금원이 손을 모으고 공손히 허리를 숙이자, 주지 스님이 석장•을 짚고 법당에서 내려왔다. 주름이 깊었지만 꼿꼿한 자세가 기품 있어 보였다. 스님에게서 고풍스런 분위기가 풍겼다. 어린 금원이 보기에도 덕이 높아 보였다.

법당에서 다 내려와 금원 앞에 선 스님이 두 손을 모아 금원에게 공손하게 허리를 굽혔다. 금원도 손을 모아 다시 스님에게 읍•했다.

"저는 한 일이 없습니다. 유누가 보살님을 모셔 왔을 뿐이지요."

그 개구진 동자승의 이름이 유누인 듯했다.

• **석장(錫杖)** : 스님이 짚고 다니는 지팡이
• **읍(揖)** : 인사하는 예절의 하나로, 두 손을 맞잡아 얼굴 앞으로 들어 올리고 허리를 앞으로 공손히 구부렸다가 몸을 펴면서 손을 내림.

"기력이 쇠하신 듯하여 약초 달인 물을 조금 드시게 했을 뿐입니다. 다행히 회복하신 듯합니다."

"모두 스님과 부처님의 은혜입니다."

금원의 말에 스님은 다시 한번 합장●으로 절을 한 후 법당으로 몸을 돌렸다.

"부처님께 인사 올리시겠습니까?"

"네, 그리하지요."

금원은 주지 스님의 뒤를 따라 법당으로 올랐다. 그런데 주지 스님이 석장을 거꾸로 짚고 있었다. 금원이 고개를 갸웃거리며 조심스레 물었다.

"스님, 석장을 거꾸로 들고 계신 것 같습니다."

"네, 그러하네요."

금원의 말을 듣고도 주지 스님은 놀라지도 당황하지도 않았다. 그렇다고 석장을 곧바로 뒤집어 들려고도 하지 않았다. 석장을 거꾸로 짚은 그대로 법당 위까지 올라갔다. 법당에 다 오르고서야 스님은 금원을 돌아보며 빙그레 웃었다.

●**합장(合掌)**: 마음이 한결같음을 나타내는 예법으로, 보통 두 손바닥과 열 손가락을 한데 모음.

"이 석장은 저의 마음가짐입니다. 제가 가는 길에 행여 작은 살생이라도 하게 될까 하여 이렇게 석장을 거꾸로 들고 앞길을 툭툭 치면서 그들이 먼저 길을 비킬 수 있게 하는 것이랍니다. 함부로 걷지 말자는 저의 첫 마음을 간직하고자 함이지요."

스님의 말을 듣고 금원은 다시금 손을 모으고 고개를 숙이지 않을 수 없었다. 그동안 경치에 반해 금원이 함부로 밟았던 길이 얼마나 많을 것이며, 그 길 아래 스러져 간 작은 벌레들은 얼마나 많을지 떠올려 보니 부끄러워 고개를 들 수 없었다.

"저는 불도를 닦는 사람이라 이렇듯 행하는 것이니 보살님은 마음 쓰지 마십시오."

스님은 그렇게 말하고 앞장서서 법당으로 들어갔다. 마음 쓰지 말라고 했는데도 금원은 자꾸 '마음가짐'이라

는 말이 귀를 맴돌았다. 금원은 조용히 그 말을 입 속으로 굴려 보았다.

'마음가짐. 나는 어떤 마음가짐으로 이 길을 떠났을까? 어떤 마음으로 한 걸음, 한 걸음 걷고 있는 걸까?'

금원은 그저 막연히 자신의 길을 찾고 싶다는 생각만 있었을 뿐 어떤 마음가짐으로 주변을 대했는지 생각해 본 적이 없었다.

"공양•할 시간이 되었습니다. 시장하실 텐데 공양부터 하시지요."

스님은 어린 금원에게도 깍듯하게 말을 높였다. 법당 안에 차려진 점심상은 산채가 푸짐하고 깔끔했다. 기름기 없이 담백한 음식을 보자마자 금원은 입맛이 돌며 배에서 꼬르륵 소리가 났다. 엊저녁부터 아무것도 먹지 않았는데 허기를 못 느끼고 있다가 막상 점심상을 보고 냄새를 맡자 허기가 확 몰려왔다.

"유누는 또 어디로 간 게냐?"

스님이 동자승들을 보며 물었다. 몇몇 동자승이 함께 점심을 먹으려 앉아 있는데, 그러고 보니 금원을 업고 왔다는 동자승 유누만 보이지 않았다.

• **공양(供養)** : 절에서, 음식을 먹는 일

"무엇이든 때가 있거늘 어찌 그리 천방지축인지. 쯧쯧!"

스님이 혀를 찼으나 유누는 들어올 기미가 보이지 않았다. 종종 있는 일인지 동자승들은 아무도 유누를 찾으러 나가는 시늉조차 하지 않았다.

"상은 시간이 지나면 다 치워라. 시간을 지키지 않는 이에게는 아무것도 주지 말아라."

스님의 말투가 단호하고 엄했다.

산채가 가득한 점심은 보이는 것처럼 담백하고 맛있었다. 금원은 오랜만에 입맛에 맞는 음식을 만나 배불리 먹을 수 있었다. 공양하는 동안 말을 할 수 있었더라면 "맛있다."라는 말을 여러 번 했을 것이었다.

금원이 밥을 다 먹을 때까지도 유누는 돌아오지 않고 있었다. 금원은 은근히 걱정이 되었다. 어젯밤 산길에서 금원을 업고 와 준 동자승이었다. 그 동자승이 아니었더라면 지금쯤 금원은 멧돼지나 호랑이의 밥이 되어 있을지도 모를 일이었다. 금원은 일부러 숟가락질을 느릿느릿 했다. 혹시나 공양 시간을 더 끌면 유누가 올까 해서였다.

금원의 마음이 닿았는지 금원이 마지막 숟가락질을 할 때 유누가 헐레벌떡 들어왔다.

"스님, 배고파요!"

유누는 공양 시간에 늦은 것에 전혀 거리낌 없이 문을 벌컥 열고 들어와 자리에 앉았다. 주지 스님이 눈을 부릅뜨고 유누를 보는데도 유누는 남은 밥과 산채를 모두 바리•에 넣고 쓱쓱 비벼 와구와구 먹었다.

"저 천방지축을 어쩌면 좋누? 나무아미타불 관세음보살."

스님의 한숨 소리가 깊었다. 석장을 거꾸로 짚고 다니며 마음가짐을 다지는 주지 스님조차 개구쟁이 유누는 어쩌지 못하는 것 같아 금원은 슬며시 웃음이 났다. 어디로 튈지 모르는 유누를 보니 남장을 하고 여행길에 오르겠다고 고집을 피우던 자신을 보는 것 같았다. 유누를 보는 금원의 눈빛이 더욱 따듯해졌다.

점심 공양이 끝난 후 금원은 주지 스님에게 하룻밤 더 신세를 지겠다는 허락을 구하고 절을 더 찬찬히 살폈다. 어느새 곁에 유누가 와 있었다. 금원은 유누를 돌아보며 싱긋 웃을 뿐, 아무 말도 하지 않았다. 유누도 싱글벙글 웃기는 했지만 금원에게 따로 말을 걸지는 않았다. 햇볕은 따사로웠고 모래 밟는 소리는 자박자박했다.

• **바리** : 절에서 쓰는 스님의 공양 그릇

먼저 입을 뗀 것은 유누였다.

"혼자 유람하신다 들었는데 유람은 어떠십니까?"

"가끔 외롭기도 하지만 떠나길 백 번 천 번 잘했다 생각하고 있습니다."

"도련님은 어디까지 가실 건데요?"

"저도 어디까지 제 발길이 닿을지 모르지요. 다만 금강산을 다 돌아볼 겁니다."

금원의 말을 듣던 유누가 발걸음을 멈추고 한층 낮아진 목소리로 말을 이었다.

"저도 여기를 떠나고 싶습니다."

"네?"

금원은 또다시 유누에게서 자신의 모습을 보았다. 금원은 답답한 생활 때문에 넓은 세상을 보고 싶어 떠나기로 마음먹었던 날이 생각났다.

"불경도 읽기 싫고, 새벽 예불도 힘들어요. 남들은 다 외는 염불을 아직도 못 외웠어요."

유누의 입이 댓 발 나왔다. 금원은 그 모습이 귀여워 저도 모르게 입꼬리가 올라갔다.

"그럼 뭐가 하고 싶으십니까?"

그 질문은 금원이 유누에게 하는 질문이기도 했지만 금원 스스로에게도 묻는 질문이었다.

"그걸 모르겠어요. 세상에 무엇이 있는지 제가 무얼 할 수 있는지 모르니까요. 그래서 여기가 답답하고 따분해요. 도련님처럼 저도 훌쩍 떠나고 싶습니다."

유누는 옆에 있는 풀을 툭툭 치며 말했다.

"그럼 떠나시면 되지 뭐가 문제입니까?"

금원의 말에 유누는 순간 입을 다물었다. 금원은 자신이 길을 떠났듯이 유누도 자기의 길을 찾아 떠나도록 응원해 주고 싶었다.

"저는 한번 떠나면 돌아갈 곳이 없습니다."

한참 만에 입을 연 유누가 한결 가라앉은 목소리로 말했다. 그 말을 들은 금원은 가슴이 쿵 내려앉았다. 아무 말도 유누에게 보태 줄 수 없었다.

금원이 그토록 간절히 여행을 바란 것은 어쩌면 언제라도 돌아갈 집이 있어서였다. 집에 있을 때는 집을 떠나기를 간절히 바랐는데, 그렇게 떠날 수 있는 것은 또한 돌아갈 집이 있었기에 가능한 일이었다. 유누처럼 한번 절을 떠나면 돌아올 수 없는 처지라면 쉽

사리 발걸음을 뗄 수 없을 것 같기도 했다.

　방으로 돌아온 금원은 먹을 갈고 종이를 폈다.

　'돌아갈 집이 있다는 것은 얼마나 든든한 일인가.'

　금원은 오랜만에 아버지와 어머니, 경춘에게 편지를 썼다.

　계곡의 물소리, 새들의 지저귐 소리, 나뭇잎을 스치고 지나가는 바람 소리만 금원의 방 주위를 채웠다.

왕족도 궁궐도 모두 사라지고

"부디 허락해 주십시오. 아직 제가 몸이 온전치 않은데 유람 안내꾼 일행을 놓쳐서 그렇습니다."

금원이 주지 스님에게 허락을 구하는 동안, 유누는 금원 뒤에 멀찍이 서서 조용히 눈치만 살피고 있었다. 주지 스님은 금원과 유누를 번갈아 바라볼 뿐 별말이 없었다.

"정양사까지만 함께하게 해 주십시오. 아니, 표훈사까지만이라도 부탁드립니다."

금원은 짧게나마 유누와 길을 함께할 생각이었다. 몸이 아직 온전치 않다는 것도 빈말은 아니었지만, 유누에게도 새로운 걸음을 걷게 해 주고 싶은 마음이 더 컸다. 그래서 무리한 부탁인 줄 알면서 주지 스님에게 유누와 함께 금강산 여행을 떠나게 해 달라는 부탁을 한 것이었다.

"유누 스님이 길도 잘 알고 있을 테니 그리 오래 걸리지 않을 겁니다."

평소와 다르게 유누는 말없이 주지 스님의 말만 기다리고 있었다. 얌전히 말과 행동을 누르고 있는 품새가 유누 또한 금원을 따라가고 싶은 마음을 한껏 드러낸 것이었다.

"있는 길을 찾아 가는 것이 아니겠지요. 길을 만들면서 가시는 것이겠지요. 저 아이의 길 또한 만들어 주신다니 그저 감사할 따름입니다."

금원은 조용히 손을 모으고 고개를 숙였다.

"스님 말씀 명심하겠습니다."

"남자에게도 험한 길이니 각별히 조심하셔야 합니다. 여자들은 더더욱 잘 가지 않는 길이지요."

"네, 잘 알고 있습니다. 그간 감사했습니다."

금원이 냉큼 대답하고 몸을 돌리는 순간, 문득 주지 스님의 말이 귀에 맴돌았다.

'여자들은? 혹시 주지 스님은 내가 여자라는 걸 알고 계신가?'

금원이 다시 주지 스님을 바라보았으나 이미 주지 스님은 금원에게서 멀어져 있었다. 주지 스님의 말은 깊었지만 금원은 그 말뜻을 알 것 같았다. 유누가 눈치를 보며 금원에게 다가왔다.

"행장을 꾸리세요."

금원의 말에 유누의 얼굴이 환해졌다. 금세 팔짝팔짝 뛰며 금원에게 달라붙었다.

"주지 스님이 허락하신 겁니까? 저도 같이 가도 된답니까?"

유누와 함께 떠난 길은 금원에게도 나쁘지 않았다. 금원이 원래 길을 떠날 때는 혼자서 생각하고 길을 찾아보고 싶은 마음이 컸으나, 옆에서 재잘대며 이야기를 나눌 길동무가 있는 것도 여행의 또 다른 맛이 있었다. 유누는 금강산을 누비는 동자승답게 금강산 길을 잘 알았다.

"제 이름이 무슨 뜻인지 아십니까? 버들 유에 날다람쥐 누를 씁니다. 주지 스님이 지어 주셨지요. 버들처럼 어디서든 잘 적응하고 날다람쥐처럼 잘 다니라는 뜻이랍니다. 그래서 그런지 저는 어디든 낯설지 않고 잘 뛰어다니지요. 그런데 절 안에 가만히 앉아 있으려니 그건 정말 힘들어요."

유누는 시키지도 않은 제 이야기를 풀어놓는가 하면 금강산에 대한 설명도 잘했다.

"신선루를 보셨으니 이제 옥경대를 들르셔야지요. 석가봉 앞에 기암괴석이 우뚝 솟아 있는데, 솟은 것이 아니라 하늘에 꽂힌 것 같습니다. 높이만 높은 것이 아닙니다. 너비는 또 얼마나 긴지 반백 척이나 되는 것 같은데 연자방아처럼 평평하고 배의 돛처럼 널찍

- **기암괴석(奇巖怪石)** : 기이하게 생긴 바위와 괴상하게 생긴 돌
- **연자(研子)방아** : 둥글고 넓적한 돌판 위에 그보다 작고 둥근 돌을 세로로 세워서 이를 말이나 소 등이 끌어 돌리게 하여 곡식을 찧거나 빻는 기구

합니다. 앞쪽은 백옥을 깎아 놓은 것 같아 얼굴을 비추면 그대로 보일 정도입니다."

유누가 이끄는 대로 금원은 발걸음을 옮겼다. 과연 유누가 말한 대로였다. 하늘에 꽂힌 듯한 명경대 앞에는 누런 물빛의 황천강이라는 연못이 있는데, 황천강 남쪽에 옥경대라는 바위가 있었다.

"여기 앉아 보셔요. 저게 보이십니까?"

유누는 익숙한 길인지 금원을 옥경대에 앉게 했다. 옥경대에 앉아 건너편 연못을 보니 돌로 만든 성문이 보였다.

"저것을 지옥문이라 부릅니다. 신라가 망할 때에 태자가 여기 와서 피신하느라 성과 궁궐을 명경대 뒤에 짓고 이 문을 통하여 드나드셨지요. 태자는 베옷을 입고 풀만 먹으며 살다가 일생을 마쳤다고 합니다."

유누는 마의태자 이야기도 술술 꿰고 있었다. 이야기를 가만히 듣던 금원은 문득 쓸쓸함이 느껴졌다.

"왕족도 궁궐도 모두 사라지고 남은 것은 돌무더기뿐이군요."

재잘대던 유누가 금원의 말에 입을 꾹 다물었다. 유누도 금원의 쓸쓸함을 눈치챈 듯했다.

"그래도 태자는 이름이라도 남았잖아요."

한참 만에 유누가 입을 열었다. 유누의 목소리에는 어쩐지 서글픔이 묻어 있었다.

"저는 이 땅에 살다 가도 아무것도 남길 것이 없어요. 아니, 지금도 제가 살고 있는지 아무도 모를 겁니다."

유누의 말은 금원의 마음과 닮아 있었다. 금원도 이 세상에 살고 있는 이유를 알고 싶어서 길을 떠났었다. 유누 또한 살아야 할 이유를 알고 싶어 그렇게도 이리저리 뛰어다닌 것이었다.

"남길 것은 지금부터 만들면 되지요. 누가 아는 것이 무엇이 중요하겠습니까? 자기 길을 자기가 갈 뿐이지요."

금원은 유누에게 이야기를 하면서도 자기에게 하는 말처럼 느껴졌다. 여자라, 서얼●이라, 가난한 집안이라 못 할 것이라는 생각은 세상이 만들어 낸 담장일 뿐이었다. 금원은 그 담장을 넘고 부수고 싶었다. 혹 넘지 못하면 어쩌나 걱정이 많았었는데, 유누에게 이야기를 하다 보니 금원 스스로도 마음이 더욱 굳건해졌다.

'넘지 못한들 어떠랴! 거기까지가 내가 만든 길이니 다른 이들이 거기에서부터 시작할 것이다.'

● 서얼(庶孼) : 양반과 양민 여성 사이에서 낳은 자식인 서자녀와 양반과 천민 여성 사이에서 낳은 자식인 얼자녀를 아울러 이르는 말

혹 모두가 그 길이 의미 없다 말할지라도 금원은 자신이 만든 그 길을 충실히 가면 그것으로 족할 것이라 생각했다.

"이제 표훈사로 가시지요."

유누가 엉덩이를 툭툭 털고 일어나자 금원도 자리에서 일어났다. 저절로 앓는 소리가 나왔지만 유누의 부축을 받지는 않았다. 금원보다 저만큼 앞에서 길을 인도하는 유누는 아까보다 말이 많이 줄었다. 금원은 유누에게 쓸쓸한 마음이 아직 남았나 싶어 은근히 눈치가 보였다.

표훈사로 가는 길은 깊숙하고 조용했다. 오른쪽으로는 중향성을 끼고 왼쪽으로는 지장봉이 우뚝 서 있어 더욱 어두웠다. 그 많던 새들조차 이 깊은 곳에서는 지저귀지 않는지 적막이 흘렀다. 유누가 말을 아끼자 그 고요함이 더욱 깊었다. 그래도 금원은 굳이 유누에게 말을 걸지는 않았다. 유누가 생각에 더 깊이 빠지도록 그대로 놔두고 싶었다. 길은 점점 험해지고 금원도 유누도 점점 말이 없어졌다. 이따금씩 금원의 숨소리만 "후우!" 하고 터져 나왔다.

"이제 외나무다리입니다."

유누가 외나무다리 앞에서 걸음을 늦추고 금원을 기다렸다. 그리고 먼저 외나무다리에 발을 들여놓고는 금원을 향해 손을 내밀었다.

"그렇게 가면 유누 스님이 더 불편하지 않겠습니까?"

그도 그럴 것이 유누가 금원의 손을 잡으면 비스듬히 서서 게처럼 옆으로 가거나 한 손을 뒤로 돌려 걸어야 해서 몸의 균형을 맞추기 어려웠다.

"저는 익숙한 길이라 괜찮습니다."

유누의 말을 믿고 금원은 유누의 손을 잡으며 외나무다리에 올라 조심조심 걸음을 옮겼다. 오른쪽 길은 더욱 험하여 아래를 흘깃 내려다보기만 해도 아찔했다. 몸의 중심을 잡기도 힘들었다. 저만치 표훈사가 코앞인데도 금원은 발밑을 신경 쓰느라 앞을 바라볼 수 없었다.

"발밑을 조심하시되 앞을 보셔야 합니다. 아래를 보지 마십시오."

유누의 말이 아니었더라면 금원은 발아래만 바라보고 덜덜 떨며 걸음을 옮길 뻔했다. 발아래 울퉁불퉁한 바위가 자꾸 다가오는 듯했다. 유누의 손이 아니었더라면 몇 번이나 중심을 잃을 뻔했다. 길지 않은 다리였는데, 꽤 긴 거리를 건넌 듯한 느낌이 들었다.

"다 도착했습니다."

금원이 숨을 고르고 고개를 들어 보니 웅장한 표훈사가 눈앞에 있었다. 표훈사를 향해 발걸음을 내딛는데 유누가 말했다.

"저는 이제 돌아가려 합니다."

유누의 말에 금원은 흠칫 놀랐다가 곧이어 섭섭한 마음이 밀려들었다. 함께하는 시간이 길지 않을 것은 알고 있었지만 막상 이별이라 생각하니 코끝이 시큰해졌다.

"스님, 조심해서 가십시오."

"제 이름에 날다람쥐라는 뜻이 있다 하지 않았습니까. 저는 잘 갈 수 있으니 걱정하지 않으셔도 됩니다."

금원은 말없이 고개를 끄덕였다. 입을 열면 왈칵 울음이 터질 것 같아서였다. 남장을 해서 겉모습은 속였어도 마음 한구석의 여린 부분은 감출 수 없었다.

유누는 합장을 하고 돌아섰다가 다시 금원을 향해 몸을 돌렸다. 유누는 한참을 망설이다가 결심한 듯 겨우 입을 열었다. 유누의 말에도 물기가 잔뜩 서려 있었다.

"저는 불경을 읽어 볼 겁니다. 새벽 예불도 빠지지 않고 참석해 볼 겁니다."

금원은 그저 고개를 끄덕이며 유누의 말을 들었다.

"제 자리에서 일단 열심히 살아 보려고요. 그래야 제 길이 만들어질 테니까요. 아무도 몰라줘도 괜찮습니다. 제가 알면 됩니다."

유누의 결심이 단단해 보였다. 유누가 다시 합장하며 인사했다.

"안녕히 가십시오, 도련님."

금원은 유누가 멀어져 가는 모습을 한참 바라보았다. 외나무다리를 건너 산으로 들어가는 유누는 걸음이 사뿐사뿐 가벼웠다. 그만큼 유누의 마음도 많이 가벼워진 것 같아 금원은 울음을 꾹 삼킬 수 있었다.

감로수를 마시며

　금원은 표훈사 여행을 마치고 보덕굴을 둘러보았다. 표훈사의 백운대에 오를 때도 철삿줄을 잡고 올라 하늘로 올라가는 것처럼 위풍당당했는데, 보덕굴은 한층 더 그림 같은 곳에 있었다. 보덕굴은 무갈봉 아래에 있는데 작은 암자가 무갈봉 위에 있었다. 한쪽은 산모퉁이 뾰족한 바위에 의지하고 한쪽은 수백 길이나 되는 절벽인데, 봉우리 아래에 구리로 만든 기둥을 세우고 그 기둥 끝 허공에 몇 칸의 암자를 지었다.
　구리로 만든 기둥 위에 철사를 매어 놓고 그 한쪽 끝을 늘어뜨려 사람이 잡고 올라가야 하는 곳이었는데, 몹시 흔들거려 금원은 손과 다리가 덜덜 떨리고 머리끝이 쭈뼛 서는 것 같았다. 금원은 너무 무서워서 차마 아래를 내려다볼 수도 없었다. 안내꾼이 앞에 있고 여행하는 사람들도 여럿 있었지만, 섣불리 손을 내밀 수도 없었다. 표훈사로 가는 외나무다리를 건널 때 의지가 되었던 유누가 새삼 그리워졌다.

막상 암자에 오르니 옥 불상과 오금 향로가 워낙 멋있어 오를 때 무섭고 힘들었던 것이 눈 녹듯 사라졌다. 향로는 어찌나 무거운지 두 사람이 힘을 합쳐도 들 수 없을 정도인데, 정명공주가 시주●한 것이라고 했다. 입을 쩍 벌리고 감탄하고 있는 금원의 곁에 어느새 스님 한 분이 다가와 있었다.

"옛날에 비구니 스님 한 분이 이 굴속에서 도를 닦다가 앉은 채로 세상을 떠났답니다. 그 이후 이 굴에 다니는 여러 사람이 암자를 지어 그 비구니 스님을 기념한 것이지요."

스님의 말을 들은 금원은 다시 한번 보덕굴과 암자를 번갈아 보았다.

'그 스님은 금강산에 이렇게 이름을 남겼구나.'

금원은 발길을 돌려 이름난 곳을 모두 밟아 구경했다. 벽하담과

● **시주(施主)** : 자비심으로 조건 없이 절이나 스님에게 물건을 베풀어 주는 일

비파담은 부서진 옥이 비껴 들어 있는 비단 같았다. 연못의 색이 하얗다고 하여 백룡담이라고 이름 붙은 곳과 물빛이 검고 푸르러서 흑룡담이라고 이름 붙은 곳을 모두 지나 앞으로 나갔더니 물빛이 너무 푸르러 청룡담이라고 부르는 곳에 도착했다. 하루 종일 폭포를 끼고 지나다 보니 떨어지는 물소리가 마치 산이 무너져 내리고 골짜기가 쪼개지는 소리 같아서 금원은 귀가 먹먹해졌다. 잠시 손으로 귀를 막고 주변을 휘둘러보았다.

한 번도 본 적 없는 꽃과 풀이 향기를 뿜고 있었다. 이름 모를 새들이 날아오르고, 온갖 기이한 벌레와 짐승들이 저마다 꿈지럭거리며 자기 길을 열심히 가고 있었다. 금원은 "아!" 하는 짧은 감탄사밖에 내뱉을 수 없었다. 너무 아름다웠다.

오선봉과 소향로봉 사이 여러 갈래의 물줄기가 한데 모여서 큰 여울을 이룬 곳을 만폭동이라 하는데, 만폭동 옆 큰 바위에 '봉래풍악 원화동천(蓬萊楓岳 元化洞天)'이라는 글자가 크게 새겨져 있었다.

여름 금강산은 봉래산, 가을 금강산은 풍악산이라고 불렀고, 원화는 천지의 조화, 동천은 신선이 사는 곳을 뜻했다. 한마디로 금강산이 신선이 사는 곳처럼 아름답다는 의미였다.

'저것이 신선이 된 봉래 양사언이 썼다는 글씨구나.'

금원은 그 글씨를 찬찬히 다시 살펴보았다. 글씨가 부드러운 듯하면서도 힘이 넘쳐 흘렀다. 푸른 학이 이 봉우리에 둥지를 틀고 새끼를 치다가 이 글씨에 기를 빼앗겨 날아갔다는 이야기가 나올 만했다. 비구니 스님은 도를 닦다가 앉은 채로 입적°하여 이름을 남겼고, 양사언은 학이 놀랄 만한 글씨를 새겨 이름을 남겼다는 데 생각이 이르자, 금원은 문득 자신도 금강산에 어떻게든 이름을 남기고 싶다는 마음이 들었다.

금원은 자리에 그대로 앉아 시 한 수를 읊조렸다.

찾아든 곳마다 경치 더욱 좋아서
지는 꽃 향기로운 풀 지나온 자취 애달프다.
연녹색 나무 빛깔에 봄은 그림 같은데
한없이 쏟아 내는 샘물 소리 계곡에 흘러넘친다.
보름 갓 지난 둥근달 솟아나니
고향 바라보며 여러 인연 생각나는구나.
깊은 산속 석양에 날아오르는 학
이는 다 어젯밤 꿈속의 사람이로구나.

• 입적(入寂) : 스님이 세상을 떠남.

시를 짓고 나니 금원의 마음은 뿌듯해졌다. 금원도 금강산에 이름 한 자락 남긴 것 같아 마음이 벅찼다.

'사람들이 모르면 어때? 후세에 기억하지 못하면 어때? 저 금강산이 알고 내가 알면 된 것이지.'

그전에는 꼭 후세에 이름이나 업적을 남기는 것만 세상을 살아가는 이유가 된다고 생각했는데, 이제는 이렇게 금강산을 홀로 구석구석 눈에 담고 발로 밟으며 그에 대한 기록을 하는 것만으로도 금강산에 자신의 이름이 새겨진 것 같았다. 금강산을 가슴에 담았으니 세상이 무섭지 않았다.

정양사의 헐성루에 오르니 내금강의 모습이 그대로 드러났다. 사방으로 눈앞이 확 트여 막힌 것이 없으니 금강산 1만 2천 봉우리가 하나하나 눈에 다 들어왔다. 어떤 것은 눈 쌓인 언덕 같고, 어떤 것은 불상 같고, 어떤 것은 쪽진 것 같고, 어떤 것은 칼날을 모아 놓은 것 같고, 어떤 것은 연꽃 같고, 어떤 것은 파초 잎 같았다. 어떤 것은 두 손을 마주 잡은 것 같고, 어떤 것은 두 손을 모은 것 같으며, 가로로 긴 것, 세로로 긴 것, 우뚝 솟아 있는 듯한 것, 쪼그리고 앉은 듯한 것 등 모두 다른 모습이어서 일일이 말로 표현할 수도 없었다.

'중국 사람들 소원이 우리 조선에 태어나 금강산을 보는 것이라던데, 아마 중국에도 이만한 풍경이 없어서겠지.'

금원은 금강산 여러 봉우리와 청학대, 개심대 등을 거쳐 비로봉을 보고 썩은 외나무다리를 지나 불지암도 보았다. 불지암은 까마득한 절벽이 허공에 서 있고, 절벽 면도 매우 넓어 그 넓은 면에 나옹 스님의 모습이 가득 새겨져 있었다. 비록 절벽에 새겨진 스님의 모습이었지만, 어찌나 위엄이 있고 늠름하던지 금원은 스님을 제대로 쳐다보지 못했다. 어쩐지 스님은 금원이 남장을 한 것을 알아차리고 쏘아보는 것 같아 두려운 마음이 일어, 눈빛을 자꾸 피하게 되었다.

그러다 문득 금원의 머리를 스치는 생각이 있었.

'내가 왜 스스로 움츠리지? 내가 뭘 잘못했다고?'

금원은 어깨를 쫙 폈다. 그리고 고개를 들어 나옹 스님을 똑바로 쳐다보았다.

'저도 금강산을 유람하러 왔습니다. 지켜봐 주십시오.'

그 전까지 무섭게 느껴졌던 나옹 스님의 눈빛이 어쩐지 금원을 응원하는 것처럼 느껴졌다. 금원은 당당한 미소를 지으며 합장으로 나옹 스님에게 인사했다.

불지암 옆에 감로수라 불리는 물이 퐁퐁 솟아나는 약수터가 있었다. 물맛이 맑고 시원하여 모든 병을 고칠 수 있다고 소문이 나서인지 여행 간 사람들이 줄을 죽 늘어서 있었다. 금원도 그 줄 맨 뒤에 섰다.

물을 마신 사람들이 저마다 "캬아!", "하아!" 하며 감탄사를 뱉기에 금원도 앞쪽을 흘깃흘깃 바라보며 얼른 순서가 오기만을 기다렸다.

"도령은 어디가 안 좋으시오?"

앞에 있는 남자가 물었다. 금원보다 너댓 살은 많아 보이는 중인 남자였다. 금원은 목소리를 굵게 하여 대답했다.

"오랫동안 소화가 안 되어 속이 답답하오."

금원의 말에 남자가 고개를 끄덕였다.

"얼굴빛이 창백하고 몸이 여리여리한 것을 보니 그럴 것도 같소. 나는 가려움증이 있어 여름이면 밤잠을 못 이룰 정도로 고생한다오. 피부병에도 좋다 하여 나도 이 물을 마시려 줄을 섰소."

남자는 묻지도 않은 말을 넉살 좋게 잘 풀어놨다. 그러고 보니 남자의 피부는 거칠고 울긋불긋했다. 가려워서 긁고 딱지가 앉은 것이 여러 번 같았다. 피부가 두껍고 딱딱해져 나무껍질처럼 된 곳도

언뜻언뜻 보였다.

"전국 방방곡곡 좋다는 약수는 다 찾아 마셔 보고 있는데, 효험이 있었으면 좋겠구려."

금원은 피부가 저렇게 나무껍질처럼 될 때까지 얼마나 괴로웠을까 싶어 남자에게 딱한 마음이 들었다. 남자도 그런 금원의 눈빛을 눈치챘는지 아무렇지도 않은 척 털털하게 웃었다.

"이까짓 가려움증이야 좀 불편할 뿐이지 아무것도 아니라오. 오히려 이 가려움증 덕분에 내가 더 괜찮은 사람이 된 것 같기도 하오."

"그게 무슨 말이오?"

"아픈 곳 하나 없는 건강한 몸이어도 자기 인생을 흥청망청 사는 사람이 얼마나 많소. 나는 가려움증을 고치기 위해 매 순간 최선의 노력을 다하고 있소. 또 가려움증이 잠잠할 때면 공부도 열심히 하고 있소. 그러니 더 괜찮은 사람이 된 것 아니겠소?"

남자는 몸은 아플지언정 그의 말대로 노력하는 사람이라, 자신의 삶을 차곡차곡 채워 가는 것 같았다. 금원은 그가 대단하다는 생각이 들었다.

"이 감로수는 분명 효험이 있을 것이오."

금원은 남자를 향해 응원의 말을 해 주었다. 남자는 그 말이 좋았는지 계속 말을 이었다. 자기가 어디 어디 약수를 다녀왔으며, 얼마 동안 괴로웠는지를 술술 풀어놓았다. 남들 같으면 변한 피부는 가리기 급급하고 그렇게 오래 고생했으면 성격이 모나게 변할 것도 같은데, 남자는 넉살맞게 이야기도 잘했고 흉 진 피부를 애써 가리거나 숨기지 않았다. 가려움증은 그의 피부를 괴롭게 할지언정 그의 마음까지 그늘지게 하지는 못한 듯했다.

그러는 사이 남자와 금원도 감로수를 마실 순서가 되었다. 남자는 금원에게 먼저 바가지를 건넸다. 금원은 바가지에 물을 담아 시원하게 들이켰다. 마침 목이 마른 참이기도 했다. 시원한 물이 목구멍을 타고 배 속까지 흘러가는 느낌이 그대로 전해졌다. 금원은 바가지를 남자에게 넘겼다.

남자도 감로수를 한 바가지 받아 벌컥벌컥 마셨다. 수염 사이로 또로록 굴러떨어지는 물방울이 햇빛에 반짝 빛났다.

"도령의 말을 들으니 나도 금방 나을 것 같구려. 도령도 얼른 낫도록 하시오. 그런데 참 보면 볼수록 도령은 피부가 곱상하오. 내가 피부가 안 좋아 남들 피부를 유심히 보고 다니는데 도령의 피부는 여자처럼 희고 곱상하구려."

그 말에 금원은 움찔 놀라 인사도 제대로 하지 않고 허둥지둥 그 자리를 떠났다. 흘깃 돌아보니 남자는 다음 사람에게 바가지를 건네주고 기운 좋게 돌아서고 있었다.

지장암으로 향하면서 놀란 마음이 가라앉은 금원은 남자의 거친 피부가 자꾸 눈에 어른거렸다. 부끄러워하지도 숨기지도 않는 그 남자의 당당함이 부럽고 멋있었다.

'매 순간 최선의 노력!'

금원은 남자가 했던 말을 되뇌어 보았다. 금원도 지금 금원의 인생을 제대로 채우기 위해 순간순간 최선의 노력을 다하고 있었다. 금원의 가슴에 뿌듯함이 차올랐다.

이제는 금강산을 밟는 발걸음에 더욱 자신감이 붙을 것 같았다. 금원은 오랜 체증이 쑥 내려가는 듯했다.

차 끓이는 아이

지장암에 들어간 금원은 스님들의 극진한 환영을 받았다. 금원뿐 아니라 금원의 뒤를 이어 들어오는 유람단도 모두 마찬가지였다. 스님들은 모두 흰 장삼을 입고 있었는데, 열 개가 넘는 계단을 앞다투어 내려와 합장하더니 손을 이마에 대고 땅에 엎드려 절까지 했다. 유람단도 그냥 선 채로 절을 받을 수 없어 같이 땅에 엎드려 맞절을 했다.

"어찌 이리 극진히 맞아 주십니까?"

유람단 중에 섞여 있던 한 사내가 엎드린 채로 정중하게 물었다. 금원도 같은 궁금증이 들었다. 모두 정겹게 환영해 주기는 했지만 어떤 절에 가더라도 이렇게 모든 스님이 다 뛰어나와 땅에 이마까지 대고 절하며 반기는 곳은 없었다. 그 가운데 가장 나이 들어 보이는 스님이 일어나 다시 공손히 읍하더니 대답했다.

"저희는 여기 오신 모든 분들이 부처님이라고 생각합니다. 멀리서부터 험한 산을 딛고 저희에게 찾아오신 부처님들이니 당연히 극진히 모셔야지요."

나이가 일흔이 넘는다는 그 스님은 주지 스님인 듯, 다른 스님들에게 어서 식사 준비를 하라고 했다.

"먼 길 오시느라 시장하실 테니 따끈한 국수를 우선 드시지요."

주지 스님의 말에 엎드려 있던 스님들이 일어나 분주하게 움직이기 시작했다. 스님들은 경험이 많은지 유람단 일행에게 금방 국수 한 그릇씩이 돌아갔다. 따끈한 국수의 장국 냄새를 맡자 금원도 갑자기 허기가 돌았다. 얼른 국수를 받아 들고 국물부터 들이켰다. 깔끔하고 따끈하면서도 입에 착 감기는 맛이었다.

"모자라면 말씀하십시오. 넉넉히 삶았습니다."

스님들의 말에 유람단은 고맙다고 크게 인사를 하고 저마다 자리를 잡고 앉아 국수를 먹었다. 금원도 그늘진 곳에 앉아 국수를 먹기 시작했다.

주지 스님은 사람들 사이를 다니며 부족한 것은 없는지, 여행은 어땠는지 간간이 물었다. 주지 스님이 금원의 곁으로 오자 금원은 국수 그릇을 내려놓고 일어나 합장을 했다.

"고맙습니다. 이렇게 극진한 환영은 처음입니다."

금원의 말에 주지 스님은 환하게 웃으며 천천히 많이 먹으라고 인사했다.

"어디서 오셨습니까?"

주지 스님이 가다가 말고 뒤로 돌아서서 물었다.

"원주입니다."

"아! 속세•에서 저는 춘천 사람으로, 이씨 성이었습니다."

춘천이라면 원주와 거리가 좀 있긴 해도 같은 강원도였다. 금원은 괜히 주지 스님과 더 친해진 듯한 느낌이었다.

"스님!"

이번엔 금원이 돌아서는 주지 스님을 불렀다.

"제가 사흘만 머물렀다 가도 될까요?"

자신도 모르게 전혀 계획도 없이 입 밖으로 나온 말이었다. 왜 그런 생각을 했는지, 말을 하는 금원 스스로도 몰랐다.

• 속세(俗世): 불교 사회에서 일반 사회를 이르는 말

"그럼요. 머물고 싶은 만큼 머물다 가시면 됩니다."

주지 스님은 인자한 웃음으로 고개를 끄덕여 주었다. 그리하여 다른 유람단 일행이 지장암을 떠난 후에도 금원은 그곳에 더 오래 머무르게 되었다.

지장암에서는 금원도 모든 예불에 참석해 보았다. 장안사에서도 며칠 묵기는 했지만 그때는 몸이 안 좋아 예불에 참석할 기력이 안 되었다. 금원은 지장암에서는 새벽 예불과 저녁 예불까지 빠지지 않고 참석했다.

지장암 스님들은 새벽 예불과 저녁 예불에 모두 돌아가며 경쇠를 울렸다. 모든 스님이 경쇠를 쳤기 때문에 다른 암자에서는 몇 번이면 그칠 소리가 이곳 지장암에서는 예불하는 내내 울렸다. 경쇠 소리가 댕그렁 울리고 그 위에 스님들의 예불 소리가 겹쳐지면 세상의 모든 근심과 걱정, 잡스런 생각이 사라졌다.

'생각을 하러 왔는데 생각이 사라지게 되는구나.'

머릿속을 오가는 수많은 생각을 비우고 가만히 앉아만 있어도 마음이 맑아지는 기분이었다.

• 경(磬)쇠 : 놋으로 밥그릇과 같이 만들어, 복판에 구멍을 뚫고 자루를 달아 노루 뿔 등으로 쳐 소리를 내는 기구

사흘째 되는 날 새벽 예불을 마치고 나서는 금원에게 주지 스님이 물었다.

"지장암에는 온갖 진귀한 보물들이 많지요. 그중에 가장 귀한 보물이 무엇인지 아십니까?"

금원은 지장암에 값비싼 보물이 많다는 이야기는 진즉 들었으나, 그중에 어떤 것이 가장 귀한 것인지는 미처 듣지 못했다.

"글쎄요······."

"바로 보살님들입니다."

주지 스님이 금원을 향해 잔잔한 미소를 지었다.

"그게 무슨······."

금원이 영문을 몰라 말을 잇지 못하자 주지 스님은 어슴푸레 밝아 오는 새벽빛을 받으며 말했다.

"이곳을 찾아 주시고 이곳을 거쳐 자기 길을 찾아 가시는 보살님 같은 분들이 진짜 보물이지요. 감히 값으로도 매길 수 없는."

금원은 주지 스님의 말이 무슨 뜻인지 알 것 같았다. 세상 어떤 보물도 사람보다 귀할 수는 없다는 뜻인 듯했다.

"스님, 이제 떠나려 합니다. 덕분에 좋은 깨달음을 얻고 갑니다."

환하게 펴진 금원의 얼굴을 보며 주지 스님은 빙그레 웃었다. 금원은 그길로 행장을 꾸려 지장암을 떠났다. 봉우리와 골짜기, 물소리와 새소리, 하늘과 바람이 모두 금원을 반겨 주고 안아 주는 것 같았다.

청련암을 거쳐 금강산을 다 살펴본 금원은 내친김에 관동 팔경●을 보기 위해 통천으로 발걸음을 돌렸다. 총석정에서 바라보는 돌기둥들조차 금원의 눈에는 그냥 돌이 아니라 관동 팔경의 경치를 만들어 내느라 자기의 자리를 굳건히 지키며 서 있는 것으로 보였다. 돌기둥들 중 어떤 무더기는 삼사십 개씩 한 떨기를 이루고 있는데, 높이가 1백여 길이나 되었다. 우뚝하면서도 고르고 떨기들이 가지런했다. 마치 대나무가 빽빽하게 서 있는 것 같기도 했고, 열 폭 병풍을 쭉 펼쳐 놓은 것 같기도 했다.

"이렇게 수없이 많은 돌들이 바다 위에 흩어져 서 있는데 어느 것 하나 기울어진 것도 없고, 불거져 나온 것도 없구나. 모두 다 자기 자리에서 이곳을 만들어 내고 있구나."

●**관동 팔경(關東八景)**: 강원도 동해안에 있는 여덟 개의 명승지. 간성의 청간정, 강릉의 경포대, 고성의 삼일포, 삼척의 죽서루, 양양의 낙산사, 울진의 망양정, 통천의 총석정, 평해의 월송정을 이르며 옛날에는 모두 강원도에 속해 있었으나, 망양정과 월송정은 현재 경상북도에 속하고 삼일포와 총석정은 북한에 있음.

고성을 들러 간성에 이른 금원은 청간정에 올랐다. 청간정 위에 앉아 달이 뜨는 것을 볼 요량이었다. 시간이 지나자 바다 구름이 빛을 내뿜는 듯 아롱아롱해지더니, 반달이 부끄러운 듯 반은 모습을 감추고 반은 살포시 얼굴을 드러냈다. 찬란한 빛이 구름을 뚫고 쏟아져 나오는 것이, 하얀 연꽃 한 송이가 바다 위로 둥실 떠오르고 푸른 유리 1만 가닥이 그 연꽃을 향해 펼쳐진 것처럼 보였다. 금원은 그 모습을 끝까지 다 지켜보고 밤이 깊어서야 숙소의 방으로 들어왔다. 그러나 숙소에 들어서도 금원은 가슴이 벅차올라 좀처럼 잠자리에 들 수 없었다.

"거기 누구 없는가?"

금원은 문을 열고 하인을 불렀다.

"예, 무엇이 필요하신지요?"

여종 아이가 냉큼 달려와 금원에게 물었다. 숙소에 들어올 때 소개받은 차 끓이는 아이였다.

"지금 차를 마실 수 있겠느냐? 좀 늦어서 미안하구나."

"아닙니다. 곧바로 끓여 올리겠습니다."

아이는 종종거리며 차를 끓이러 갔다. 샘물부터 긷는지 물 뜨는 소리가 들려왔다. 금원은 그사이 먹을 갈아 붓을 들었다.

"도련님, 차 끓여 왔습니다."

아이가 금방 찻주전자와 찻잔을 들고 금원의 방문 앞에서 금원을 불렀다. 금원이 문을 열어 쟁반을 받자, 아이는 금원의 붓과 먹을 힐끗 보더니 얼굴빛이 살짝 어두워졌다. 쟁반을 건네주고서도 주저하며 금원의 방문 앞을 떠나지 않았다. 아무래도 너무 늦게 심부름을 시킨 것인가 싶어, 금원은 아이에게 엽전을 쥐어 주었다.

"아닙니다. 저는 할 일을 했을 뿐입니다."

아이는 한사코 금원이 주는 돈을 받지 않았다.

"내가 너무 늦게 부탁하여 미안해서 주는 것이다."

"정 그러시다면……."

아이는 침을 꼴깍 삼키더니 금원의 눈을 바라보며 말했다.

"돈 대신 제게 글을 알려 주십시오."

"뭐?"

금원은 귀를 의심했다. 시골 객주에서 차 심부름을 하는 아이가 돈 대신 글을 알려 달라는 것이 당차 보이면서도 호기심이 일었다.

"나는 지나가는 나그네라 너에게 글을 알려 준다 해도 몇 자 알려 줄 수 없을 게다. 그런데도 배우겠느냐?"

"지나가는 어르신들께 조금씩 배우고 있습니다. 이렇게 몇 글자

씩 배우면 언젠가는 저도 도련님처럼 글도 쓰고 책도 읽을 수 있겠지요."

아이의 눈빛이 또랑또랑 당돌하면서도 빛났다. 조금의 흔들림이나 주저함도 없었다.

"그래, 어디까지 배웠느냐?"

"부족하지만 《천자문》은 떼었습니다. 이러구러 주워들어서 제대로 알지는 못합니다."

1천 자의 글자를 배울 때까지 아이는 얼마나 많은 물을 길었으며, 얼마나 많은 부탁을 했을까 싶어 금원은 가슴이 먹먹해졌다.

"글을 배워 무엇에 쓰려느냐? 시를 쓰려느냐?"

금원은 아이의 모습에서 자신을 보는 것 같았다.

"저는 우리 조선에서, 아니 중국까지 통틀어 최고로 맛있고 향긋한 차를 끓이는 사람이 되고 싶습니다. 그러려면 책도 많이 읽고, 또 제가 차 끓이는 법도 써 놓아야 하니까요."

아이의 목소리가 꿈과 희망에 들떠 있었다. 금원은 글을 배워 무언가를 하겠다는 아이를 보며 자신이 어릴 적 글을 배웠던 때가 떠올랐다. 무얼 하겠다는 목표 없이 마냥 글이 좋았고, 시가 좋았다. 이 아이는 글을 익혀 조선 최고의 차 끓이는 사람이 되고 싶다는데,

금원은 자신이 글로 무엇을 할 것인가에 생각이 이르렀다.

"나도 글로 깊은 맛을 우려내고 싶구나."

금원의 말에 아이는 고개를 갸우뚱거렸다.

"도련님, 글은 책을 읽거나 쓸 때 쓰시는 것이고요, 깊은 맛은 물과 차로 우려내는 것입니다. 어찌 글로 깊은 맛을 우려내신다는 것인지요?"

아이의 말을 들은 금원의 얼굴에 잔잔한 웃음이 배어 나왔다.

"《천자문》을 떼었으면《명심보감》부터 배우면 되겠구나."

그날 밤, 금원의 방에서는 오래도록《명심보감》읊는 소리가 새어 나왔다.

집으로 가는 길

관동 팔경을 두루 다 돌아본 금원은 산과 바다의 기이한 장관을 이미 두루 살폈기에, 이제 화려하고 번화한 곳을 보고 싶은 마음이 생겼다.

'화려하고 번화한 곳이라면 한양이지!'

금원은 그길로 한양으로 향했다. 조선의 도읍이요, 역사의 바탕이 되는 곳이었기 때문에 감히 이렇다 저렇다 상상하고 추측만 해서는 안 될 것 같았다.

한양에 들어서니 층진 봉우리들이 겹친 산은 용이 똬리를 틀고 호랑이가 웅크리고 있는 듯했다. 어떤 봉우리는 불쑥 솟고, 어떤 봉우리는 납작하게 엎드려 있으며, 어떤 것은 칼날처럼 날카롭게 서 있고, 어떤 것은 깃발처럼 확 펼쳐져 있었다. 한강은 허리띠처럼 한양을 두르고 있는데, 배와 수레가 한곳으로 모여들고 물과 뭍이 있는 도회지의 기세가 웅장한 곳이었다.

금원은 서둘러 남산에 올랐다. 임금이 계신다는 궁궐을 보고 싶어서였다. 궁궐은 하늘로 치솟은 아름다운 누각들에 아름다운 노을이 어른어른하게 비쳐 그야말로 신선의 궁궐이 따로 없었다.

고개를 숙여 주위를 둘러보니 한양이 한눈에 들어왔다. 알록달록한 담장과 성벽 위 성가퀴˙에 아름다운 기운이 그득했다. 기와로 덮인 크고 좋은 집들이 땅에 죽 늘어서 있었는데 갈래 진 길마다 술집 깃발도 꽂혀 있었다. 붉은 수레바퀴에 푸른 말발굽, 여기저기 길 인도하는 소리가 거리마다 가득 차 있었다.

"이랴!"

흰말을 타고 채찍을 휘두르는 한량들이 삼삼오오 짝을 지어 여기저기 누각에서 만나 서로 어울려 놀고 있었다. 한적한 시골만 보던 금원은 그 화려하고 번잡한 광경에 눈이 휘둥그레졌다.

'이야! 시골에서 태어나고 자라 이런 광경도 못 보고 살았구나.

˙성(城)가퀴 : 성 위에 낮게 쌓은 담

그래 놓고 안목이 넓다고 착각했으니 참으로 내가 우습다. 이제라도 보니 내 마음이 탁 트인 것 같네.'

　금원은 세검정을 지나 삼계동, 정릉까지 거쳤다. 금원이 마지막으로 보고 싶은 것은 관왕묘였다. 관왕묘는 관우왕을 모신 사당으로, 하늘을 떠받치는 의리와 해를 꿰뚫는 충성으로 살았던 관우왕의 기운이 의로운 사람은 도와주고 의롭지 않은 사람은 꺾어 버린다는 이야기가 있는 곳이었다.

　숭례문으로 나와 관왕묘로 들어가니 문의 버들가지가 금빛 실을 늘어뜨리고 있었다. 앞으로 남쪽 산허리를 마주했는데, 푸른 소나무가 울창하고, 붉은 문에 단청•한 크고 높다랗게 지은 집은 구름 사이에서 빛나고 있었다. 지붕의 기와는 푸른색이고 앞에는 문이 세 개 있었는데, 그중 가장 좁은 문만 열어 사람들을 들여보내고 있었다.

　문지기는 전립•을 쓰고 짧은 채찍을 손에 든 채 잡인•을 통제하며, 들어오는 사람에게는 문세를 받고 있었다. 금원도 문세를 내고

• 단청(丹靑) : 옛날식 집의 벽, 기둥, 천장 등에 여러 가지 빛깔로 그림이나 무늬를 그림.
• 전립(戰笠) : 조선 시대에, 무관이 쓰던 모자의 하나
• 잡인(雜人) : 잡스러운 사람

관왕묘로 들어서려는데, 문지기가 금원의 뒤에 들어오는 사람을 막아섰다.

"저 진짜 거지 아니에요. 간절한 소원이 있어 들어가려는 것이에요."

금원이 뒤를 돌아보니 금원보다 나이가 한두 살 더 많아 보이는 소년이었다. 한눈에 보기에도 꾀죄죄한 것이 거지꼴이었다. 엽전을 내미는데도 행색이 워낙 볼품없으니 문지기가 들여보내 주지 않는 것이었다.

사람들은 그 아이를 힐끗 볼 뿐 자기 갈 길을 가기 바빴다. 금원도 모른 척 지나가려 했으나 좀처럼 발길이 떨어지지 않았다.

"그 소년을 들여보내 주지 않는 까닭이 무엇이오?"

금원이 다가서서 묻자 문지기가 험한 표정으로 답했다.

"잡인의 출입을 막는 것이 우리 일이오. 상관 마시고 갈 길 가시오."

"그러나 이 아이가 잡인이 아니라 하지 않소. 간절히 빌 소원이 있다 하고 문세도 내는데, 옷차림이 볼품없다고 무조건 막는 것은 나라님의 뜻이 아닌 듯하오. 이 아이가 들어가 허튼짓을 하면 내가 책임지고 막을 테니 들여보내 주시오."

문지기는 금원과 소년을 번갈아 바라보더니 마지못해 소년에게 길을 열어 주었다.

"허튼짓하면 혼쭐날 줄 알아라!"

소년은 얼른 관왕묘로 들어와 금원에게 허리가 부러질 듯 몇 번씩 절을 했다.

"고맙습니다. 이 은혜 평생 잊지 않겠습니다."

소년은 곧장 관왕묘 정전°의 옆쪽 작은 문으로 들어갔다. 금원도 소년을 따라 문으로 들어가니, 익선관°을 쓰고 곤룡포°를 입은 관왕이 앉아 있었다. 누에처럼 굵은 눈썹, 봉황처럼 부리부리한 눈이 금방이라도 사람을 홀릴 듯했다. 눈가에는 산줄기 같은 빼어난 기상이 완연하고, 붉은 대춧빛 안색에 길게 늘어진 수염이 아름답고 늠름하면서도 서릿발 같은 위엄이 있었다.

소년은 관왕묘를 향해 공손히 손을 모으고 허리를 굽혔다. 입술이 뭔가 중얼중얼하는 것 같은데 작은 소리라 금원의 귀에는 들리지 않았다. 소년의 모습이 워낙 지극정성이라 금원은 자꾸 소년에

- **정전(正殿)**: 왕이 나와서 조회를 하던 궁전
- **익선관(翼善冠)**: 왕과 왕세자가 곤룡포를 입고 일할 때 쓰던 관
- **곤룡포(袞龍袍)**: 임금이 입던 격식을 차린 옷

게 눈이 갔다.

한참을 중얼거리며 빌던 소년은 몇 번이고 절을 하고 관왕묘를 떠났다. 금원은 슬쩍 소년의 뒤를 쫓았다. 소년의 얼굴은 들어올 때와 달리 환하고 평안해 보였다. 성큼성큼 문을 향해 걸어가던 소년이 문득 걸음을 멈추고 고개를 휘휘 돌리더니 금원을 발견하고 다가왔다.

"다시 한번 인사드리러 왔습니다. 도련님 덕분에 무사히 소원을 빌었습니다."

금원은 소년이 기특하고 간절해 보여 저도 모르게 무엇을 그리 간절히 빌었는지 물었다.

"관왕은 의로운 사람은 도와주고 의롭지 않은 사람은 꺾어 버린다 하셨으니 억울한 우리 아버지를 도와주십사 빌었습니다."

소년은 평생 성실하게 살아온 아버지가 마름•의 농간으로 빚더미에 올랐다며 주먹으로 눈물을 쓱 훔쳤다. 어린 나이에 아버지를 생각하여 관왕묘에 들어와 간절히 소원을 비는 소년의 마음이 애틋하고 갸륵했다.

소년의 모습을 보며 금원은 문득 가족들이 떠올랐다. 눈물바람

• **마름** : 땅 주인 대신 소작권을 관리하는 사람

으로 금원을 보내던 어머니와 아우 경춘, 근엄한 표정으로 헛기침을 했지만 걱정에 잠을 못 이루고 계실 아버지도 떠올랐다.

'이제 됐다.'

금원은 마음이 꽉 차오르며 이제 집으로 돌아가도 되겠다는 생각이 들었다.

'남자 행색을 갖추고 다닌 것이 이 정도면 되었지. 사람이 족한 줄 알고 그칠 때도 알아야 하니 나는 이것으로 되었다.'

오래전부터 소원하던 아름다운 경치 여행을 실컷 했으니 금원은 소원을 푼 것 같았다. 금원은 그길로 고향인 원주 집으로 향했다.

집으로 돌아오며 금원은 길에서 마주친 수많은 인연들을 떠올렸다. 금원에게 보물이라 해 준 지장암 주지 스님도 떠올랐고, 가려움증을 고치기 위해 매 순간 최선을 다한다는 감로수를 마시는 남자도 스쳐 지나갔다.

'유누는 자기의 길을 찾았을까?'

금원은 동자승 유누의 해맑은 웃음이 생각나 저절로 배시시 미소가 새어 나왔다가, 아는 것을 남에게 베풀어 주던 화공은 지금은 어디에서 이야기와 그림을 재미있게 풀어놓고 있을까 궁금증도 일었다. 물고기를 낚던 할아버지와 순채 화채를 맛있게 만들어 주던 할머니까지 여정 굽이굽이에서 만난 정겨운 얼굴들이 차례차례 지나갔다.

'사람들은 모두 각자의 자리에서 각자의 길을 열심히 걷고 있구나.'

무언가를 이루고 무엇인가를 남겨야만 인생을 잘 사는 것이라고 생각했는데 사람들은 각자의 삶에서 자신의 역할에 최선을 다해 살고 있었다. 금원은 길 위에서 만난 사람들, 심지어 스쳐 지나간 사람들조차 하나하나 소중하고 고마웠다.

금원은 역시 금강산 여행을 떠나길 잘했다 싶었다. 길 위에서 사람들을 만나고, 자연 속에서 사람들과 이야기하지 않았더라면 이 깨달음을 훨씬 더 나중에야 알았을 수도, 혹은 영영 얻지 못했을 수도 있다는 생각이 들었다.

꽃나무 우거진 숲에서 향기는 옷에 젖어 들고 맑은 바람은 조용조용 금원을 반겼다. 금원은 멀리 산을 바라보았다. 하늘은 구름 한 점 없어 산봉우리 하나하나가 선명히 보였다. 어찌나 선명한지, 금원은 허공에서 바람을 타고 산을 바라보는 듯했다.

여행은 금원에게 풍경만 남겨 준 것이 아니었다. 하얗게 깎아지른 듯한 금강산에서는 세상을 향한 당당함과 도전 의식을 느꼈고,

넘실넘실 너울지는 바다를 바라볼 때면 세상을 품을 수 있는 넉넉한 마음을 갖게 되었다. 변화한 한양의 거리를 보면서는 더 넓은 세상으로 나아가고자 하는 큰마음을 얻었다. 또 그곳에서 만난 인연과 그들에게 배운 잔잔하면서도 커다란 깨달음은 금원의 마음을 꽉 차게 했다.

'언젠가 내가 밟은 땅 구석구석을 생생히 써야지. 그리고 꼭 그들의 이야기도 책에 담아 둬야지.'

새로운 희망에 부푼 금원의 발걸음이 나는 듯 가벼웠다.

삼호정 친구들

"언니, 늦겠어요. 얼른 서두르세요."

늘 그렇듯이 경춘은 금원의 집에 찾아와 아직 준비가 덜 된 금원을 재촉했다. 어릴 때부터 약속을 잘 지키고 정숙했던 경춘은 혼인을 하고서도 그 품성이 여전했다. 다른 이를 기다리게 해서는 안 된다고 금원을 닦달하는 중이었다.

"그래, 거의 다 됐다. 그만 좀 보채렴."

금원은 살짝 눈을 흘기는 척하면서도 경춘을 사랑스러운 눈길로 바라보았다. 어디 내놓아도 자랑스러운 아우였다. 총명하고 지혜로울 뿐 아니라 책을 많이 읽어 거의 모르는 것이 없을 정도였다. 게

다가 시도 잘 지어 금원의 시 모임에서도 실력이 뒤지지 않았다.

금원이 시 모임을 만든 지도 어언 네 해가 지났다. 모임을 함께하는 이는 운초, 경산, 죽서였다. 거기에 금원과 경춘까지 다섯이 모여 시를 짓고 읊으며 노닐다 보면, 비단 같은 글들이 상 위에 가득하고 진주 같은 시구들이 허공에서 찰랑이는 것 같았다. 서로 낭송하기라도 하면 마치 옥구슬이 부서지는 것처럼 낭랑한 소리가 울려 퍼졌다. 그 시들을 보고 그 소리들을 듣고 있자면 금원은 마음속 깊은 곳에서 남들이 알지 못하는 즐거움이 솟구쳐 올랐다.

오늘도 시 모임이 있는 날이라 금원과 경춘이 서둘러 삼호정으로 발걸음을 재촉했다.

"이번엔 일이 바빠 시를 제대로 다듬지도 못했단다."

금원이 입술을 내밀며 속상한 듯 말하자 경춘은 금원의 팔짱을 끼고 손등을 두드려 주었다.

"언니 시는 늘 호방하고 거침이 없잖아요. 우리 다섯 명 중에 언니 시가 제일 씩씩한 것 같아요. 지난번에 운초 언니도 언니 시를 한강 물처럼 넓고 깊다고 칭찬해 주었잖아요."

경춘의 말에 금원의 볼이 발그레 달아올랐다. 금원과 경춘은 평소에도 마음을 터놓고 시를 쓰며 서로 봐 주고 논했는데, 그때마다 이야기들이 끊이지 않고 넘쳐흘렀다. 시에 대한 칭찬은 언제 들어도 기분이 좋았다. 그렇다고 기분 좋은 칭찬에 마음이 우쭐해져 시 공부를 게을리하는 것은 아니었다.

"아마 혼자서 금강산 유람을 한 당당함과 자신감이 언니 시에 묻어나는 거 아닐까요?"

경춘이 이십 년도 더 지난 어릴 적 일을 꺼냈다.

"그때는 정말 언니가 얼마나 걱정되었는지 몰라요. 세상에, 어린 여자 혼자서 금강산 유람을 떠나다니. 그때 우리 집이 발칵 뒤집혔던 것 생각하면……."

경춘이 장난스레 금원에게 눈을 흘기자 금원과 경춘은 동시에 까르르 웃음이 터졌다. 경춘이 말은 그렇게 하면서도 남장을 하고 혼자 금강산을 거쳐 관동 팔경에 한양까지 여행을 마치고 돌아온 언니 금원을 자랑스럽게 생각한다는 것을 금원은 알고 있었다. 아니나 다를까, 경춘은 곧바로 말을 덧붙였다.

"언니는 분명 조선 최초의 여성 유람가일 거예요. 아마 후대에도 두고두고 언니 이름이 오르내릴 거예요."

경춘의 말을 듣고 금원은 금강산을 여행하던 그때로 되돌아가 생각에 잠겼다. 금강산 굽이굽이의 돌과 나무들, 꽃과 햇살, 바람과 물소리 등 금원을 반겨 주지 않은 것 하나 없었고, 만난 사람들 모두 금원에게 깨달음을 주지 않은 이들이 없었다. 그때로 돌아간다 해도 금원은 다시 남장을 하고 금강산을 밟을 것이었다. 그렇다고 끝까지 남장을 하고 세상을 여행하고 싶은 것은 아니었다.

세상을 여행하고 사람들을 만나면서 금원은 자기가 할 일이 있다는 것을 깨달았다. 남장을 벗고 김금원 자체로 세상에서 할 일, 금원은 그것을 찾은 것이었다.

집으로 돌아온 금원은 김덕희의 소실이 되었다. 소실이 되어서도 금원의 여행은 끝나지 않았다. 의주에 수령[•]으로 가게 된 남편을 따라 관서 지방도 여행했으니, 금원은 관동과 관서를 모두 본 셈이었다.

남편이 벼슬을 그만두고 용산에 터를 잡아 삼호정이라는 별장을 짓자, 금원도 이 정자에서 오랫동안 꿈꾸었던 일을 해 보기로 마음먹었다. 뜻이 맞고 글을 쓰고 싶어 하는 사람들을 모아 '삼호정 시사'를 만든 것이었다. 금원은 이들과 함께 거문고를 뜯으며 음악을 즐기다가도 시를 지었고, 웃고 떠들다가도 시를 지었다. 그렇게 시를 나누다 보면 맑은 것도 있고 고상한 것도 있으며, 굳세거나 예

• **수령(守令)** : 조선 시대에, 각 고을을 맡아 다스리던 지방관들을 통틀어 이르는 말

스러운 것도 있었다. 호방하고 단단한 것도 있어 어느 시 하나 나쁜 것이 없었다.

"그래서 말인데."

지난날의 추억에서 돌아온 금원이 입을 열었다.

"나는 내가 유람한 일을 책으로 쓰고 싶어. 아니 꼭 쓸 거야. 벌써 제목도 정해 뒀어."

금원의 말에 경춘의 눈이 동그래졌다.

"정말요? 언니, 언제부터 그런 생각을 한 거예요?"

"아주 오래되었지. 금강산에서 돌아올 때부터였으니까."

"그래서 그때 지은 시를 아직도 잘 간직하고 있는 거군요."

금원을 바라보는 경춘의 눈빛이 존경심으로 가득 찼다.

"언니는 항상 저의 생각을 뛰어넘어요. 정말 대단해요."

경춘은 손뼉을 치며 벌써 책이 나온 듯 좋아했다.

"그래서 제목을 뭐라고 정했는데요?"

"《호동서락기》. 처음에 호서의 제천 의림지에서 시작하여 관동의 금강산과 팔경을 들르고 의주가 있는 관서에도 갔다가 한양에 올 때까지의 일들을 다 쓸 거야. 그러니 호서의 호, 관동의 동, 관서의 서, 한양을 뜻하는 락을 따서 《호동서락기》라고 지을 거야."

금원이 오랫동안 생각했던 일이었다. 그때 만난 풀 한 포기, 돌 한 조각, 사람들의 웃음과 목소리를 그냥 흘려보내지 않고 모아서 남기고 싶었다. 그 모습, 그들에게 배운 것, 그렇게 해서 금원이 깨달은 것들을 하나하나 새기고 싶었다.

"멋진 제목이에요. 언니, 얼른 그 책을 읽고 싶어요."

"수백, 수천 번 생각하고 있기는 한데 내가 본 천백 가지 중에 열 개라도 제대로 쓸 수 있으려나 모르겠어."

금원의 말은 진심이었다. 본 것들 하나하나 다 쓰고 싶어서 기록도 해 두었고, 때때로 생각을 되새기기도 했다. 하지만 그럼에도 다 싣지 못할 것이니 간략하게 쓰게 될 것이 뻔했고, 그러다가 중요한 것을 놓칠까 걱정도 되었다.

"언니, 걱정 마세요. 그동안 언니가 틈틈이 쓴 글들을 제가 이미 봤잖아요. 언니는 틀림없이 잘 쓸 거예요."

경춘은 금원을 북돋워 용기를 주었다. 경춘의 응원을 듣자 금원은 더욱 마음을 다잡게 됐다.

금강산을 여행하겠다고 남장을 하고 홀로 집을 떠난 것이 어언 이십여 년 전의 일이었다. 그때 만난 사람들이 지금은 어떻게 지낼까 문득 궁금해지기도 했다. 모두의 얼굴이 가물가물거리면서 그들의 안부가 궁금해졌다.

"금원아!"

"경춘아!"

삼호정에 가까워지자 친구들이 하나둘씩 반가운 표정으로 나타났다.

"어서 와!"

금원과 경춘도 환하게 웃으며 삼호정 시사 친구들을 맞았다. 며칠 만에 만났는데도 몇 년 만에 만난 듯 반가웠고, 어제 본 후 다시 만난 듯 정겹고 이야기가 끊이지 않았다.

삼호정에 자리 잡은 금원과 친구들 뒤로 용산 위 밝은 해가 한강에 비쳐 아름다운 윤슬•을 만들었다. 금원과 친구들의 모습이 햇살처럼 눈부셨다.

• **윤슬** : 햇빛이나 달빛에 비치어 반짝이는 잔물결

그때 그 시절

🔍 #신분_제도 #서얼_제도

조선은 신분제 사회였어요. 법적으로는 최고층인 왕족 이외의 백성들을 양인과 천민으로 구분하는 양천제가 있었지요. 하지만 실제로는 가장 높은 신분인 양반부터 중인, 상민, 가장 낮은 신분인 천민까지 신분을 나누는 반상제가 일반적이었어요. 백성들은 신분에 따라 재산의 규모, 권력의 크기 그리고 직업도 달랐어요. 과거에 합격해 양반이 되거나, 죄를 지으면 양반도 계급을 낮추는 등 신분 이동이 가능하긴 했지만 제한적이었어요.

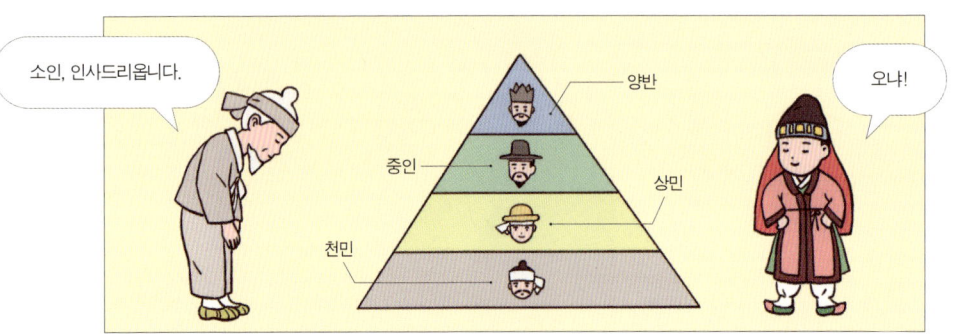

정식 혼인은 신분이 같은 사람들끼리만 했으며 자식은 부모의 신분을 물려받았어요. 하지만 자식들도 모두 같은 신분은 아니었어요. 조선에는 한 남편이 동시에 여러 아내를 두는 혼인 제도인 일부다처제가 있었는데, 소실의 자식은 본처인 정실의 자식보다 낮은 대우를 받았어요. 양반보다 낮은 계급의 여자가 소실이 되었는데, 소실의 자식은 어머니의 신분을 따랐기 때문이에요.

본가에는 정실이 있었기 때문에 소실은 남편을 떠나 자식과 함께 따로 나와 살았어요. 소실의 자식인 서자와 서녀는 아버지를 자주 볼 수 없었지요. 심지어 어머니가 노비 같은 천민 출신인 얼자와 얼녀는 아버지를 당당하게 아버지라고 부르지도 못했어요. 소실의 자식을 차별했던 서얼 제도에 따라 서얼뿐만 아니라 그 후손들까지 계속해서 차별을 당했어요. 서얼은 과거 시험 응시에도 제한이 있었고 관직에 나아가도 높은 자리에 오르기 어려웠지요.

김금원은 양반 아버지와 기생 출신이었던 소실 어머니 사이에서 태어났어요. 유교 사회였던 조선에서는 남자를 여자보다 더 귀하게 여겼으니 서얼에 여자였던 김금원은 신분의 벽을 느껴야 했지요. 태어날 때부터 기생이나 소실이 되어야 하는 운명이었던 김금원은 자신이 쓴 여행기 《호동서락기》에서 여자로 태어난 것, 가난한 집에서 태어난 것을 불행이라고 표현했어요.

인물 키워드

#여행가 #유람

 조선 시대에는 여행을 유람이라고 했어요. 유람은 여러 곳을 돌아다니며 구경한다는 뜻이지요. 주로 유명한 곳을 관광하기 위해서, 몸과 마음의 휴식을 위해서, 역사 유적을 둘러보기 위해서 유람을 했어요. 또한 먼 곳에 사는 사람을 만나러 가거나, 과거 시험을 보러 가거나, 부임지로 향하는 길에도 유람을 했지요.

 유람하는 사람들이 많이 찾았던 곳은 백두산, 금강산, 지리산, 한라산 등 이름난 산지였어요. 바위, 폭포, 동굴, 여러 식물 등 그 지역에서만 볼 수 있는 자연물도 있었고, 유명한 절도 많았기 때문에 인기가 있었지요. 양반 지식인들 사이에서는 산수 유람이 유행하기도 했어요. 또 당시에는 자주 유람을 하기 어려웠기 때문에 어느 한 장소가 아니라 호서 지방, 관동 지방 등 넓은 지역을 두루두루 유람하기도 했어요.

 한번 집을 떠나면 물건을 구할 곳이나 숙소가 많지 않았기 때문에 유람을 떠날 때는 많은 준비물이 필요했어요. 음식, 술, 그릇, 옷, 이불, 패랭이처럼 생활에 꼭 필요한 것들과 종이, 붓, 먹도 챙겼지요. 사람들은 유람지에서 시를 짓

거나 그림을 그리며 감상을 남겼기 때문이에요. 준비물이 많고 갈 길이 멀기 때문에 주로 말을 타고 이동했어요. 그래서 사대부들은 심부름도 하고 말도 관리해 줄 종과 함께 길을 나섰지요.

그런데 조선 시대에는 여자가 유람을 하는 것이 불법이었어요. 조선 시대 법전인《경국대전》에는 산천으로 놀러 간 여자는 벌로 곤장 1백 대를 때린다고 나와 있어요. 여자는 남편이나 자식과 함께할 때 유람을 할 수 있었기 때문에 유람할 기회가 많지 않았어요. 흉년에 제주도 사람들을 도와준 김만덕은 소원을 들어주겠다는 정조의 말에 금강산에 가 보고 싶다고 말하기도 했지요.

열네 살에 혼자 여행을 떠난 김금원은 남장을 해서 신분과 성별을 숨기고 자신을 보호했어요. 조선 시대에는 대부분 여자가 열다섯 살에 혼인을 했기 때문에 그때의 열네 살은 오늘날과 많이 달랐어요. 하지만 오늘날도 중·고등학생이 혼자 여행하기 쉽지 않은 것을 생각하면, 어린 소녀였던 김금원이 혼자 여행을 다녀오고《호동서락기》라는 기행문까지 남긴 게 얼마나 대단한 일인지 알 수 있어요.

이름이 알려진 조선의 또 다른 여성 여행가로 의유당이 있어요. 의유당은 남편이 함흥 판관으로 부임할 때 함께 한양을 떠나 함흥 일대를 유람했던 사람이에요. 의유당이 아름다운 경치와 유적을 유람한 후에 쓴 기행문은 의유당의 또 다른 글인 전기, 번역문 등과 함께 《의유당관북유람일기》에 담겨 있지요.

의유당과 의유당의 작품은 1948년 국문학자인 가람 이병기가 《의유당관북유람일기》를 출판하며 세상에 알려졌어요. 처음에 의유당은 연안 김씨로 알려졌지만 이후 연구를 통해 의령 남씨인 게 밝혀졌지요. 그래서 《의유당관북유람일기》의 창작 시기도 먼저 알려졌던 1829년이 아니라 그보다 빠른 1772년 즈음이라는 의견에 힘이 실리고 있어요. 《의유당관북유람일기》는 18세기 조선의 여행 열풍과 여성의 학문, 문예 활동 증가를 보여 주는 중요한 자료지요.

《의유당관북유람일기》에는 낙민루와 만세교를 유람하고 쓴 〈낙민루〉, 북산루와 무검루를 유람하고 쓴 〈북산루〉, 귀경대에서 해돋이와 달맞이를 구경하고 쓴 〈동명일기〉, 김득신 등 여러 사람의 일화를 기록한 한문 작품을 의유당이 번역한 〈춘일소흥〉, 평양의 영명사, 득월루를 고쳐 지을 때 쓰인 글을 의유당이 번역한 〈영명사득월루상량문〉 등이 담겨 있어요.

《의유당관북유람일기》는 조선 최고의 기행문 중 하나로 손꼽히는데, 특히 자연 풍경을 섬세하게 표현했다는 평을 받아요. 그중 〈동명일기〉는 의유당의 대표 작품으로, 현대에 이르러 고등학교 교과서에도 실렸어요. 동명의 해돋이

와 달맞이가 유명하다는 말을 듣고 남편을 졸라 허락을 받아 구경했다는 내용이 담겨 있어서 여자가 자유롭게 유람하기 힘들었던 당시의 시대상도 잘 나타나 있지요.

 의유당이 세상을 떠난 뒤 그가 쓴 한시, 한문 문장, 한글 작품 등도 《의유당유고》로 남아 세상에 알려졌어요. 의유당 특유의 섬세한 필체는 여전했지만 《의유당관북유람일기》에서 드러나는 활달한 분위기와는 다른 느낌의 작품이 담겨 있어요. 의유당은 보고 듣고 느낀 것들을 문학으로 잘 표현한 예술가였어요. 이런 예술가에게 유람은 영감을 주는 귀한 기회였지요.

인물 그리고 현재

🔍 #호동서락기 #삼호정_시사 #삼호정_터

《호동서락기》는 1830년 3월, 열네 살 김금원이 머리를 동자처럼 땋고 남자 옷을 입은 채 혼자 약 1천 km를 여행하며 지은 시와 기행문을 모아 1851년에 펴낸 책이에요. 호동서락은 김금원이 여행했던 지역인 호서 사군, 금강산과 관동 팔경, 관서 그리고 한양을 뜻해요.

《호동서락기》에는 김금원이 자신에게 스스로 금원이라는 호를 붙였으며 잔병 때문에 집안일을 배우지 않고 글공부를 했다는 이야기가 나와요. 또 가난한 집안에서 여자로 태어난 것은 불행하지만 사람으로 태어나 산수를 즐길 수 있어서 다행이라고도 했지요.

김금원의 금원은 호이고, 진짜 이름과 세상을 언제 떠났는지 등은 알려지지 않았는데,《호동서락기》에는 기행문뿐만 아니라 김금원이 살던 곳과 글을 배울 수 있던 배경, 김금원이 여행을 어떻게 생각했는지 등 여러 정보가 담겨 있어요. 그래서 김금원과 조선 여성의 삶 그리고 여성 문학에 대해 알아볼 수 있지요.

▲ 강원 감영의 김금원 동상

김금원은 홀로 여행을 마친 후 김덕희의 소실이 되었고, 김덕희가 의주 부임지로 갈 때 함께 따라가서 또 한 번 여행을 할 수 있었어요. 이후 김덕희는 용산에 자리 잡고 삼호정이라는 별장을 지었는데, 그때 삼호정 시사가 생겨났어요. 김금원이 자신과 비슷한 처지인 김운초, 김경산, 박죽서 그리고 동생 김경춘을 모아 삼호정에서 이야기를 나누고 시를 지었지요. 김금원은 박죽서의《죽서시집》에 발문을 쓰기도 할 만큼 삼호정 시사에서 왕성하게 활동하며 친구들과 우정을 나눴어요. 삼호정은 사라졌지만 삼호정 터 안내판으로 삼호정 시사의 흔적을 알 수 있어요.

▲ 서울 산천동 마을마당의 삼호정 터 안내판

이미지 출처
p. 142. 강원 감영의 김금원 동상. 정안군과 함께하는 세상 블로그(blog.naver.com/bw2577)

문헌 출처
p. 97. 김금원·박죽서 저, 최상익 역주, 《호동서락기 附 죽서유고》, 원주시역사박물관, 2020.

조선 최초의 여성 여행가
김금원

초판 1쇄 찍은날 2023년 10월 16일
초판 1쇄 펴낸날 2023년 10월 23일

글 강민경 | 그림 파이
펴낸이 서경석
책임편집 김진영 | 편집 이봄이 | 디자인 권서영
마케팅 서기원 | 제작·관리 서지혜, 이문영
펴낸곳 청어람주니어 | 출판등록 2009년 4월 8일(제313-2009-68호)
본사 주소 경기도 부천시 부일로483번길 40 (14640)
주니어팀 주소 서울특별시 구로구 디지털로 272 한신IT타워 404호 (08389)
전화 02)6956-0531 | 팩스 02)6956-0532
전자우편 juniorbook@naver.com
블로그 http://blog.naver.com/juniorbook
페이스북 http://www.facebook.com/chungeoramjunior

ISBN 979-11-86419-91-5 74810
　　　979-11-86419-86-1(세트)

ⓒ 강민경, 파이, 청어람주니어 2023

※ 이 책의 내용 일부 또는 전부를 재사용하려면 반드시 저작권자와 청어람주니어 양측의 동의를 얻어야 합니다.